Annemarie Postma

Das *tiefere* Geheimnis der Liebe

Loslassen,
annehmen
und sich hingeben
sind persönliche Entscheidungen,
die das Wunder der Liebe
erschaffen.

Annemarie Postma

Das tiefere *Geheimnis der* Liebe

The *Deeper* Secret of Love

NEUE ERDE

Bücher haben feste Preise.
1. Auflage 2013

Annemarie Postma
Das tiefere *Geheimnis der Liebe*

Der Titel des niederländischen Originals lautet »The Deeper Secret of Love«.
Diese Ausgabe erschien erstmal 2008 bei Uitgerverij Ankh-Hermes bv, Deventer.

Übersetzt aus dem Niederländischen von Andreas Lentz.

Satz und Gestaltung:
Dragon Design, GB
Gesetzt aus der Minion

Gesamtherstellung:
Appel & Klinger, Schneckenlohe

Printed in Germany

ISBN 978-3-89060-596-8

Neue Erde GmbH
Cecilienstr. 29 · 66111 Saarbrücken · Deutschland · Planet Erde
www.neue-erde.de

Inhalt

Das tiefere Geheimnis der Liebe

Loslassen, Annahme und Hingabe
sind persönliche Entscheidungen,
die das Wunder der Liebe erschaffen.

Loslassen

Lassen Sie Hoffnungen und Erwartungen los.
So kann der Raum für wirkliche Liebe entstehen.

Annahme

Akzeptieren Sie sich so, wie Sie wirklich sind, und trauen Sie sich, Sie selbst zu sein. Erst dann können Sie akzeptieren, wie der andere wirklich ist, und erst dann kann der andere bei Ihnen er selbst sein. Nur daraus kann eine wirkliche Beziehung entstehen, und nur so können Sie wirkliche Liebe geben und empfangen.

Hingabe

Um Liebe erfahren zu können, müssen Sie die Angst vor Kontrollverlust aufgeben und den Sprung in die Tiefe wagen, ohne Absicherung, Garantien oder Sicherheiten.

Liebe ist die Schöpfungskraft,
die Sie sind.

Einleitung

Nehmen Sie an, lassen Sie los und geben Sie sich hin!

Sie haben die Macht, Ihr eigenes Leben zu erschaffen. Sie sind ganz und gar Schöpfungskraft, und diese Kraft ist so stark, daß alles, was Sie glauben, Wirklichkeit wird. Gedanken und Überzeugungen werden zu handfester Lebenswirklichkeit. Das Leben ist, wie es ist, weil Sie es sich so vorstellen. Ihre Beziehungen sind, wie sie sind, weil Sie sie genau so jetzt brauchen oder weil Sie glauben, sie verdient zu haben. Alles in Ihrem Leben spiegelt das wider, was Sie von sich denken oder für sich wünschen. Was Sie sind, ziehen Sie an, was Sie aussenden, bekommen Sie stets zurück. Das ist nichts Neues, aber so wirkt die Schöpfung nun einmal. Erfahrung folgt Bewußtsein, nicht anders herum. Dies ist kein Geheimnis, zu dem nur wenige Zugang hatten und das dem gemeinen Volk verborgen blieb. Wenn wir *The Secret* glauben, besaßen große Geister wie Plato, Newton, Beethoven, Shakespeare und Einstein alle ein großes Geheimnis. Sind sie selbst wohl auch der Meinung gewesen, ein gewaltiges Geheimnis entdeckt zu haben? Waren sie alle glücklich, reich und gesund?

Lassen Sie uns einmal ganz gewöhnliche Dinge nicht geheimnisvoller machen als sie sind. Diese großen Geister waren unbestritten besondere Seelen, die ganz besondere Dinge getan haben. Doch geschah es aufgrund eines besonderen Geheimnisses, von dem wir gewöhnliche Sterbliche nur eine ungefähre Vorstellung haben? – Nein, natürlich nicht. Diese großen Geister taten vor allem eines: Sie lebten aus ihrer wahren inneren Natur und waren daher mit ihrem inneren Wissen und ihrer wirklichen Kraft verbunden. Sie verwirklichten ihre Leidenschaft und das, was in ihnen angelegt war, und folgten ihrem Herzen. Dies hat nichts mit einem Geheimnis zu tun, denn die »großen Geister« unserer Zeit machen es genauso. Sobald Sie mit Ihrem wahren Selbst in Kontakt kommen,

kommen Sie mit der *Quelle* in Berührung. Sobald Sie aus Ihrer inneren Natur leben, kommen Sie mit der allumfassenden Natur in Kontakt und schwingen sich auf den Rhythmus des Universums ein.

Sobald Sie mit Ihrem wahren Selbst in Kontakt und Übereinstimmung sind, kommen Sie mit der Quelle in Berührung.

Das kann auch nicht anders sein, denn so etwas wie eine Scheidelinie zwischen der Natur und uns gibt es nicht. Wir *sind* die Natur, und alles ist in Wirklichkeit eins. Wir sind ein Mikrokosmos in einem Makrokosmos, und die beiden stehen fortwährend miteinander in Wechselwirkung. Einer der Grundgedanken von H. P. Blavatskys *Geheimlehre* (1888) lautet sogar: »In Wahrheit gibt es weder Mikrokosmos noch Makrokosmos, sondern nur eine Existenz. Nur unser begrenztes Bewußtsein läßt es uns als groß oder klein erscheinen.« Wer mit seiner wahren Natur in Verbindung ist, seinem Herzen folgt und seine Anlagen entwickelt, wird dasselbe erfahren wie diejenigen, die das taten: Widerstände verschwinden, Synchronizität (bedeutungsvolle »Zufälle«) wird alltäglich, und Türen scheinen sich wie von selbst aufzutun. Menschen, denen dies gelingt, leben so in Übereinstimmung mit ihrem wahren Selbst, daß sie mit dem universellen Gesetz in Übereinstimmung sind und daher mühelos mit dem Kosmos kooperieren können.

Alle Möglichkeiten des Weltalls befinden sich potentiell auch in uns, denn das Universum ist die Erweiterung unseres Körpers.

Wenn Sie dies wissen, dann ist es ein unnatürlicher Zustand, in Bedürftigkeit, mit Schmerzen oder im Mangel zu leben. Und doch tun dies viele von uns in ihrem tagtäglichen Leben – und ganz besonders in der Liebe. Wir kommen aus der Liebe, wir sind Liebe, und Liebe ist, was uns verbindet. Liebe können Sie nicht greifen oder festhalten, sie ist unser natürlicher Zustand, sie ist die

Schöpfungskraft, die wir sind. Doch da wir sie selbst sind, sind wir auch blind für sie. Was man selbst ist, ist oft schwer wahrzunehmen, weil man das, was man direkt vor der Nase hat, schlecht erkennen kann. Darum suchen wir nach der Liebe sehr oft an der verkehrten Stelle. Wir suchen sie außerhalb von uns, obwohl es nur eine Möglichkeit gibt, wahre Liebe zu finden, nämlich indem wir unsere Aufmerksamkeit nach innen richten.

Wir scheinen mit der Liebe oft nicht zurechtzukommen, weil wir nicht merken, wie sich unsere Außenwelt an unsere Innenwelt anpaßt. Unsere Erfahrungen scheinen losgelöst von dem, was wir sind, was wir fühlen, was wir uns wünschen, woran wir glauben und was wir mit unseren Gedanken und Gefühlen tun wollen. Ich höre Menschen oft sagen: »Was mache ich falsch? – Ich denke positiv, ich wünsche sie mir so sehr und richte schon so lange meine ganze Aufmerksamkeit auf die wunderbare Beziehung, und doch finde ich sie nicht!« Die Antwort ist schlicht: Sie haben ihre unbewußt entgegenwirkenden Kräfte noch nicht enttarnt und aufgelöst.

Wir sind *die Natur, und alles ist in Wirklichkeit eins.*

In jedem von uns wohnen das Positive und das Negative, das Licht und das Dunkel. Diese Seiten beeinflussen jeden Tag und jede Nacht. Dies bedeutet, daß, wenn Sie auf der bewußten Ebene etwas noch so gerne wollen, Sie es aber trotzdem nicht bekommen oder es nicht passiert; – dann nicht, weil das Universum es Ihnen nicht gönnt, sondern weil Sie Ihre unbewußte, dunkle Seite nicht sehen. Sehen Sie, daran ist man in der Euphorie über *The Secret* vorbeigegangen.

Ich glaube stark an die magische Kraft von Gedanken und Überzeugungen. Dafür habe ich in meinem eigenen Leben, lange vor *The Secret*, genügend Beweise gesehen. Doch ich habe auch gelernt, daß es neben der schöpferischen

Kraft der bewußten Absichten auch noch so etwas gibt wie unbewußte Absichten, die damit im Widerstreit stehen und die Sache ordentlich durcheinanderbringen können.

The Secret sagt: Bitte – glaube – empfange. Aber damit bekommen Sie Ihre unbewußt entgegenwirkenden Überzeugungen und Programmierungen nicht weg. Die werden also seelenruhig unter der Oberfläche weiterwirken, und Sie fragen sich: Heh, wie kann das sein?! Darum habe ich doch gar nicht gebeten? Das habe ich doch gar nicht gewünscht? – Und dann sagen Sie: Ich wußte es doch, *The Secret* funktioniert nicht. Ich bin einfach ein Pechvogel; ich bin nicht toll und interessant genug, und darum ist es mein Los, in der Liebe unglücklich zu sein.

Nein! Die Schöpfungsgesetze funktionieren immer, für jeden – also auch für Sie. Nur haben Sie noch nicht begriffen, daß in Wirklichkeit Ihr Unbewußtes die Regie führt. Sie haben noch nicht gelernt, Ihre äußeren Erfahrungen auf den inneren Widerspruch zu beziehen. Wollen Sie das Universum als Verbündeten auf Ihrem Lebensweg, dann bleibt Ihnen nichts anderes übrig, als Ihren unbewußten Saboteur im Inneren kennenzulernen und ihn verständnisvoll in die Arme zu nehmen.

Für Liebe müssen Sie Raum schaffen.

Das tiefere Geheimnis der Liebe ist darum: Lassen Sie los, nehmen Sie an und geben Sie sich hin. Lassen Sie Ihre Konzepte und Gedanken los, wie Ihr Leben zu sein hat, wie Sie selbst zu sein haben oder wie Ihre Beziehung zu sein hat. So schaffen Sie Platz für die Wirklichkeit; für die Schönheit des Lebens, so wie es im Hier und Jetzt ist. So schaffen Sie Raum für eine Verbindung von sich, so wie Sie wirklich sind, mit anderen, so wie die wirklich sind. Nur so schaffen Sie Raum für Entwicklung. Die größten Veränderungen finden nämlich in jenem

Moment statt, an dem Sie glauben, nichts mehr verändern zu müssen. Lassen Sie Ihre Erwartungen los und gestehen Sie sich zu, mit dem Rhythmus von allem und jedem um sich herum zu verschmelzen. Akzeptieren und umarmen Sie sich so, wie Sie sind. Schließen Sie nichts von sich aus, weisen Sie keine Ihrer Seiten zurück. Kämpfen Sie nicht gegen Ihren Schatten, versuchen Sie nicht, ihn zu verstecken, zu verdrängen oder zu überspielen.

Lassen Sie aus Liebe zu sich selbst zu, daß alles, was unbewußt ist, nach oben kommen darf. Lernen Sie so die Geheimnisse Ihrer Seele kennen und entdecken Sie, was Sie wahrhaftig fühlen, denken und brauchen.

Die meisten Menschen glauben, sie müßten gegen ihren »Nein-Strom« angehen. Doch damit nehmen sie ihm nicht die Kraft, sondern sie lassen sich auf einen Kampf ein mit einem Feind, den sie noch nicht einmal kennen. Indem Sie ihn aber in seiner Existenz anerkennen, können Sie entscheiden, was Sie mit ihm tun. Nur wenn Sie Ihre unbewußte Negativität ohne Urteil bestehen lassen können, verliert sie ihre Macht über Ihren Schöpfungsprozeß. Von dem Augenblick an, an dem Sie sich genau so annehmen, wie Sie sind, werden Ihre Beziehungen ausgewogener und erfüllender werden. Es kann nämlich keine Wechselseitigkeit zwischen Ihnen und anderen entstehen, solange sie nicht in Ihnen selbst besteht, indem Sie keinen Aspekt Ihrer selbst mehr zurückweisen oder unterdrücken.

Von dem Augenblick an, in welchem Sie sich so gutheißen, wie Sie sind, und Ihre perfekte Unvollkommenheit umarmen, werden Sie mühelos erfüllende Beziehungen anziehen. Sie werden sehen: Mit der Wirklichkeit auf gutem Fuß zu stehen, wird vom Universum reich belohnt! Liebe ist Hingabe, und Hingabe ist nicht möglich ohne Vertrauen. Geben Sie sich darum aus Liebe zur Wirklichkeit hin an noch mehr Vertrauen in die Wirklichkeit. Alles im Leben ist, wie es sein muß, denn das ganze Universum ist, wie es sein muß. Geben Sie Ihren Widerstand auf und überlassen Sie sich dem Strom des Lebens. Schaffen Sie Raum für wirkliche Liebe!

Die größten Veränderungen finden statt, wenn Sie glauben, nichts mehr verändern zu müssen.

Annahme ist das stärkste Schöpfungswerkzeug!

Hingabe und Akzeptanz sind heutzutage Schlagwörter. Jeder, der sich dafür entscheidet, bewußt zu leben, weiß, wie wichtig es ist, die Realität zu umarmen. Doch wie macht man das in der Praxis? – Wie oft gelingt es Ihnen in der Woche – oder am Tag –, in vollkommenem Frieden zu sein mit dem Leben, wie es jetzt ist, und mit dem, der Sie jetzt sind und wo Sie jetzt stehen?

Das ist auch nicht so einfach. Wir werden von allerlei Gefühlen, von Angst, Unruhe und Unsicherheit geplagt. Darum sind wir fortwährend auf der Jagd nach mehr als heute und Besserem als gestern. Wir befinden uns im »Aufpassen-und-hoffen«-Modus auf künftige Gegebenheiten, die besser und angenehmer sind. Eigentlich befinden wir uns ständig im Kampf und in Wortgefechten mit der Wirklichkeit. Jedoch ist zu lernen, das zu wollen, was *ist*, die Grundlage für wirkliche Veränderung. Ohne Annahme und Vertrauen halten Sie das, was Sie in Ihrem Leben als unangenehm erfahren, energetisch fest. Dankbare Bejahung und Gutheißen des Hier und Jetzt entfernt die Blockade, die dafür sorgt, daß die Energie nicht frei fließen kann, und die Schöpfungskraft hemmt. In allen alten Lehren bekommen wir gesagt, daß wir, um zu schaffen, was wir uns wünschen, uns zuerst über unsere Bedürftigkeit erheben müssen. Wenn Sie in Beziehungen noch im »Nötighaben« festsitzen, können Sie nicht liebhaben. Es geht darum, zu wünschen, ohne sich ans Endergebnis zu klammern. Es geht darum, das Universum aus einem Zustand von »wunschlosem inneren Frieden« heraus um Hilfe zu bitten.

Freiheit, Ruhe und Kraft finden Sie nur, wenn Sie die Wirklichkeit in Ihrer Welt zulassen; nicht indem Sie sich widersetzen, sondern einfach, indem Sie urteilslos offen sind für alles, was ist. Je mehr Ihnen das glückt, desto mehr können Sie zulassen, daß »es« sich manifestiert. Wünschen Sie aus tiefstem Herzen und richten Sie damit die Aufmerksamkeit des Universums auf Ihre Lage, und dann lassen Sie los. Ob das Universum Ihre Lage verändert und wie es sie verändert, darf Ihnen nicht wichtig sein; das ist Sache der Höheren Mächte. Seien Sie bereit, alles, was aus Ihrem Wunsch wird, als genau das Richtige für Sie in diesem Augenblick anzusehen. Haben Sie Vertrauen in die Höhere Ordnung der Dinge.

Dies ist *Das tiefere Geheimnis der Liebe*: Akzeptieren und *wollen* Sie das Leben so, wie es ist, ganz gleich, mit welcher Antwort das Universum kommt. Das ist das wirkliche Schöpfungsprinzip!

Gesetz 1

Die Liebe »überkommt« Sie nicht

Wir finden uns nicht, wenn wir den Horizont absuchen, sondern indem wir den Suchscheinwerfer nach innen richten.

Joudry und Pressman

Liebe erfordert Mut

Wenn es um die Liebe geht, stellen wir unser Schicksal häufig fast wie von selbst außerhalb von uns und geben damit die Verfügungsgewalt über unsere Zukunft eigentlich aus der Hand. Haben Sie nicht auch schon einmal heimlich davon geträumt – auch wenn Sie es tief in Ihrem Herzen besser wissen –, daß Ihre Seele plötzlich, wie ein Blitz aus heiterem Himmel, erfüllt wird von etwas, was Ihnen das ewige Glück bringt, ohne daß Sie selbst etwas dafür tun müssen? – Wahrscheinlich kennen Sie die Neigung gut, Macht und Kraft überall zu sehen – außer in Ihnen selbst. Und Sie glauben hin und wieder ziemlich stur, daß das, was das Leben Ihnen bringt, nichts mit dem zu tun hat, was Sie selbst wollen; daß das Wunder des Lebens und der Liebe einen nun einmal »überkommt« oder auch nicht, und daß das Leben aus Hoffen und Warten besteht, ob man zu den Glücklichen gehört oder nicht. Merkwürdigerweise sind wir es gewohnt, nach der Liebe zuerst im Außen zu suchen und Liebe als etwas Äußerliches zu sehen, anstatt als etwas, das an und für sich immer etwas Inneres ist.

Liebe ist vor allem die Folge des Mutes, den eigenen Ängsten zu trotzen, und das geistige Ergebnis von Willens- und Tatkraft.

Ein großes Mißverständnis von der Liebe ist, daß sie einen einfach so überkommt. Das mag uns vielleicht so vorkommen, es ist aber nicht so. Liebe fällt nicht vom Himmel, so stark Sie sie sich auch wünschen oder wie kräftig Sie sie sich visualisieren mögen. Verliebtheit, die überkommt Sie. Verliebtheit ist der Köder, um Sie dazu zu bringen, das zu tun, was Sie im Vollbesitz Ihres Verstandes nie getan hätten: den Sprung in die Liebe zu tun. Liebe ist vor allem die Folge des Mutes, den eigenen Ängsten zu trotzen, und das geistige Ergebnis von Willens- und Tatkraft. Verliebtheit erfordert keine weitere Anstrengung, während Liebe die Bereitschaft erfordert, sich selbst anzusehen und den Suchscheinwerfer nach innen zu richten anstatt nach außen. Liebe erfordert den Mut, die eigenen Schattenseiten zu sehen, sich für das Unbekannte zu öffnen und zu akzeptieren, daß es etwas zu lernen gibt. Da ist nichts Alltägliches oder Selbstverständliches an der Liebe.

Oft wird Ihnen Ihre Beziehung genau dann unsicher oder kompliziert erscheinen, wenn Sie denken: Das kann nicht die wahre Liebe sein! Meistens ist dies der Punkt, an dem die Schmetterlinge der Verliebtheit sich langsam verflüchtigen und sich die Traumbilder langsam in das wahre Bild des anderen wandeln. Doch es ist genau anders herum: Wenn die Romantik der ersten Phase Ihres Zusammenseins der alltäglichen Wirklichkeit Platz macht, werden jene Eigenschaften bei Ihnen wieder zum Vorschein kommen, von denen Sie gehofft hatten, daß sie durch das Zusammensein mit dem Geliebten verschwinden würden. An diesem Punkt brechen viele die Beziehung ab oder beginnen, an ihr zu zweifeln. Ist er (oder sie) es wirklich? Doch in einer Beziehung zeigen Sie einander die Stellen, an denen gearbeitet werden muß. Ihr Partner ist nicht dazu da, Ihre Schwächen auszugleichen und zu überdecken, sondern dafür, sie bloßzulegen. *Das* ist der Sinn und Zweck Ihrer Beziehung!

In einer Beziehung zeigen Sie einander die Stellen,
an denen gearbeitet werden muß.

Liebe ist, was Liebe tut

Oft ist es die Angst unseres Egos, das alles regeln und beherrschen will, die uns dazu bringt, aus einer Beziehung zu flüchten, wenn wir uns mit unserem Schmerz und unseren Wunden konfrontiert sehen, die Liebe aber eigentlich

Kraft und Begeisterung erfordert. Wenn in Ihrer Beziehung alles schön und nett ist, dann ist es nicht schwer, zusammenzubleiben; gemeinsam eine gute Zeit haben, kann jeder. Doch es erfordert Mut – sehr viel Mut – und man muß seine Ängste kennen und beherrschen, um wirkliche Liebe zu haben. »Wir führten eigentlich eine gute Ehe«, sagte eine gute Freundin von mir bald nach ihrer Scheidung. »Wirklich?« fragte ich sie. »Als es ernst wurde und Rob deine Erwartungen nicht mehr erfüllen konnte und du nicht seine und ihr beide durch die Probleme in eurer Beziehung aufgefordert wurdet, zu wachsen, als ihr aufgerufen wurdet, euch, bedingungslos zu lieben, da saßt ihr beide ganz schnell beim Scheidungsanwalt!«

Sie können wahre Liebe nur an den Taten der Person erkennen, die behauptet zu lieben.

»Liebe ist, was Liebe tut«, schrieb der Psychiater Scott Peck in *Der wunderbare Weg.* »Liebe ist der Wille, die Grenzen des eigenen ›Ich‹ zu überschreiten, um so die eigene spirituelle Entwicklung oder die des anderen voranzubringen.« Ein vielsagender Satz. Liebe ist in der Tat viel mehr als Worte. Ich hatte einmal einen Geliebten, der mich mit den prächtigsten Liebeserklärungen und den romantischsten E-Mails zuschüttete. Nachdem er mich getroffen hatte, war seine unstete Suche nach Sinnhaftigkeit im Leben endgültig vorbei. Er liebte mich sehr und wollte, daß ich erfuhr, wie es ist, wenn jemand da ist, der sich mir völlig hingibt. Zum ersten Mal seit langer Zeit dachte er wieder zwanzig Jahre in die Zukunft und wollte nichts mehr, als daß ich seine »letzte Frau« sei. Doch schon nach zwei Monaten hatte er sich von mir entfernt. Nicht, daß es Probleme gab; ganz im Gegenteil, es war phantastisch. »Wir gehören zusammen, nicht wahr?« sagte er oft.

Doch als ich dann sehr krank wurde, hörte ich nichts mehr von ihm, und er kam nicht einmal vorbei, um nach mir zu sehen. Nach zwei Monaten rief er mich wieder an. Er liebe mich, sagte er, und er wolle von jetzt an immer und ewig mit mir zusammen sein. Doch ging er gleich darauf allein ins Ausland, und als er zurückkam, sagte er: »Diese Beziehung ist mir zu intensiv.«

Natürlich warf ich ihm all seine Liebesschwüre und Versprechen entrüstet vor die Füße. »Ich verstehe dich ja,« sagte er, »aber ich habe es wirklich alles so gemeint!« Daran zweifelte ich auch nicht, aber Worte sind leicht gesagt und – im dem Moment, in welchem sie gesprochen oder aufgeschrieben werden – auch leicht so gemeint. Woran ich jedoch bald zweifelte, war sein Mut, sich mit sich selbst zu konfrontieren und seiner Liebe zu mir wirklich Gestalt zu geben – bloß Versprechen zu machen, ist eine ganz andere Geschichte.

Wirkliche Liebe ist viel mehr eine Frage von Willen als von Gefühlen.

Wirkliche Liebe ist viel mehr eine Frage von Willen als von Gefühlen. Es ist einfach und auch schön, den anderen mit Worten wissen zu lassen, wie viel Ihnen an ihm liegt, und es ist angenehm, die Heftigkeit und Echtheit Ihrer Liebe an Ihren Gefühlen zu bemessen. Aber mit Ihrem *Verhalten* zu zeigen, daß Sie die Liebe gefunden haben, das ist oft mühsam und nicht selten ernüchternd. Und umgekehrt können Sie echte Liebe nur an den *Taten* desjenigen erkennen, der behauptet, Sie zu lieben. Scott Peck sagt dazu: »Ebenso wie Gut und Böse sind echte und unechte Liebe objektive – und nicht bloß subjektive – Dinge.«

Liebe ist, die Kontrolle abzugeben

Sich wirklich auf die Liebe einzulassen und es zu wagen, ihr wirklich Gestalt zu geben, ist unsere größte spirituelle Herausforderung. Die Liebe fordert Hingabe, Loslassen und die Bereitschaft, in die Tiefen des wahren Selbst hinabzusteigen. Doch den echten Sprung wagen viele von uns lieber nicht. Die meisten Menschen nehmen wohl Optionen auf die Liebe wahr, doch wenn es hart auf hart kommt, lösen sie sie meistens nicht ein.

Häufiger weichen sie nach der ersten Phase der Verliebtheit vor der eigentlichen Aufgabe zurück. So habe ich einen Freund, der die Fünfzig schon hinter sich und die Liebe noch immer nicht gefunden hat. Oh, sicher, er verliebt sich jedes Jahr mehrmals, und jedes Mal ist er absolut sicher: Das ist sie jetzt! Dann beginnt die Eroberungsphase: Im ersten Monat unternimmt er ab und zu – nicht zu oft – etwas Schönes mit ihr und tastet erst einmal alles ab. Im zweiten Monat öffnet er sein Herz ein wenig mehr und verreist für eine Woche mit ihr.

Doch sobald die Frau »angebissen« hat und erkennen läßt, daß sie die Gefühle erwidert, zuckt er zurück. Wenn er wieder zu Hause ist, kommen dann immer die Zweifel und die Rationalisierungen: »Ich weiß ja nicht; ich brauche eigentlich eine Frau, die mehr ein eigenes Leben hat.« Oder: »Ich brauche doch eine Frau, die nicht ganz so eigenständig ist.« Oder: »Diese Frau ist zu emotional für mich.« Oder: »Ich habe nicht das Gefühl, daß ich unter allen Umständen bei ihr sein will, und ich finde, das ist kein gutes Zeichen.« Oder, und damit enden fast alle seine vielversprechenden Liebesaffären: »Ich bin doch eher dazu geschaffen, alleine zu leben.« Er glaubt tatsächlich, daß es sein Mangel an Gefühl für diese Frauen ist, weshalb er Abstand nimmt; und ist sich nicht bewußt, daß es in Wirklichkeit seine Angst vor Nähe und vor der Konfrontation mit seinen tieferen Schichten ist, weshalb er die Liebe stets wieder von sich stößt.

Wenn das Herz gefordert ist, sich wirklich zu öffnen, machen viele von uns einen Rückzieher.

Es ist gar nicht so verwunderlich, daß viele Menschen es in der Liebe lieber bei Worten, Gefühlen oder Träumereien belassen. Liebe – und völlige Liebe, die dann auch noch wirklich erwidert wird – erfordert es, die Kontrolle aufzugeben, die Angst vor der Auslöschung loszulassen und sich selbst zu verlieren. Die Liebe stellt – nicht anders als der Tod – ein unleugbares Risiko dar: die völlige Verbannung in das Unbekannte. In *Zwillingsseelen* von Joudry und Pressman gibt es dazu eine schöne Stelle. Sie beschreibt den Traum einer Frau, die gerade der Liebe ihres Lebens begegnet ist. »Ich laufe über eine schmale Brücke, die auf der einen Seite beginnt nachzugeben. Ich ahne, daß ich fallen werde. Ich schaue nach unten und sehe, daß es ein tiefer Fall wird; ich habe Angst, mich zu verletzen. Da sagt eine Stimme: ›Fall nicht! Spring!‹ Die Brücke bricht; ich springe, und mein Körper bleibt aufrecht. Ich spüre Hände von Engeln unter mir, die meinen Fall abbremsen und mich in eine scheinbar unergründliche Tiefe geleiten. Ich lande sanft auf meinen Füßen und sehe, daß ich ein Buch in meinen Händen halte. Ich schlage es auf und entdecke, daß es die Geschichte meines Lebens ist.«

Die Liebe ist ein freier Fall ohne Fallschirm, ohne Garantien oder Sicherheiten. Sie bietet keinen Weg zurück, sie ist alles oder nichts, da gibt es keine Halbheiten. Es ist also nicht verwunderlich, daß, sobald das Herz aufgefordert ist, sich wirklich zu öffnen, viele von uns einen Schritt zurück tun. Das ist ein Beziehungsmuster bei vielen von uns, und es entspringt der Angst vor Kontrollverlust und dem Bedürfnis, die Liebe und die Gefühle in einem vertrauten und sicheren Rahmen zu halten, in dem Erfolg und ein guter Ausgang garantiert sind. Gleichwohl gibt es nur eine Art, die Liebe kennenzulernen: durch einen mutigen Sprung.

Wagen Sie zu springen?

Das Universum: Stell dir vor, daß irgendwo eine fantastische Frau oder ein fantastischer Mann auf dich wartet, eine Person, von deren Dasein du noch nichts weißt. Stell dir vor, es ist ein Mann oder eine Frau, die dich respektiert, dich wirklich kennen möchte und dich genau so liebt, wie du bist. Würdest du dich dann weiter mit dem Partner abquälen, den du jetzt hast, oder würdest du dich auf den Weg machen?

Du: Das würde bedeuten, daß ich jetzt, und wahrscheinlich für eine längere Zeit, allein sein werde. Und ich finde Alleinsein so schrecklich, daß ich lieber in einer schlechten Beziehung bleibe, als gar keine zu haben.

Das Universum: Stell dir vor, daß dieser Partner, von dem ich spreche, wirklich existiert, daß der Weg zu ihm jedoch durch ein Tal führt und du zuerst durch deine Ängste und Schmerzen gehen, das Alleinsein kennenlernen und auch die Einsamkeit erfahren mußt. Bist du dazu bereit? Was, wenn ich dir sage, daß du diese schwere Stück alleine gehen mußt, jedoch dann der wunderbare Mann oder die wunderbare Frau auf dich wartet?

Du: Ich weiß es nicht, das ist eine schwierige Frage.

Das Universum: Vertraust du darauf, daß dir jemand bestimmt ist, der oder die auf dich wartet? Hast du den Mut und bist du willens, echte Liebe zu erfahren, und bist du bereit, die Folgen dieses Entschlusses auf dich zu nehmen? Willst du die völlige Verantwortung für deine Entscheidung übernehmen?

Du: Ich will sehr wohl durch das Tal, aber nicht, solange ich nicht die Garantie bekomme, daß es mir gelingt, es zu durchschreiten.

Das Universum: Dann kann ich dir nicht helfen. Ich kann nur denjenigen helfen, die sich mutig entschließen, zu werden, zu erreichen und zu manifestieren, was sie wirklich sein, tun oder haben wollen. Du willst wohl Erfüllung in der Liebe erfahren, den Sprung in die Liebe aber nur tun, wenn ich dir Garantien gebe. So funktioniert das nicht, dann fängst du nie an! Manchmal muß man irgendwo anfangen. Begreife, daß du nicht durch Worte oder Gedanken lernst und wächst, sondern nur durch Lebenserfahrung. Und ja, du wirst dir unterwegs sicher auch weh tun, aber ist das schlimm? Ist es schlimm, wenn du dir klarmachst, wie viel Freude du in deinem Leben noch erfahren wirst? Hör auf zu kämpfen, laß los und spring!

Alles, was Sie in Ihrem Leben verwirklich wollen,
beginnt mit einem Entschluß.

Liebe ist ein Entschluß

Alles, was Sie in Ihrem Leben verwirklich wollen, beginnt mit einem Entschluß. Der ist das Startzeichen, das Sie dem Universum geben. Ohne diesen Entschluß passiert gar nichts. Mit bloßem »Wollen« kommen Sie nirgendwo hin. Sie können den ganzen Tag eine erfüllende Beziehung »wollen« und denken: Wenn ich sie mir nur stark genug vom Universum wünsche, dann wird sie mir gegeben. Aber so funktioniert das nicht. Auch nicht mit der Liebe. Wenn Sie sich entschlossen haben, der Liebe wirklich begegnen zu wollen, dann bedeutet das automatisch, daß Sie bereit sind, den Sprung in die Tiefe wirklich zu tun. Es bedeutet auch, daß Sie die völlige Verantwortung für die Verwirklichung Ihres Wunsches übernehmen und für alle Folgen und Risiken, die das mit sich bringt. Sie lassen sich auf die Liebe ein oder Sie lassen sich nicht auf die Liebe ein. Ein Mittelding gibt es nicht. Und wenn Sie den Sprung gewagt haben, stoßen Sie unvermeidlich genau auf all das, was Sie von der Erfahrung der Liebe abhält: Ihre unbewußten Widerstände, Konditionierungen und Programmierungen (den »Nein-Strom«).

Wenn Sie nicht bereit sind für die Liebe,
wird das Universum Sie für die Liebe bereitmachen.

Denken Sie also nicht: Ich will Liebe und wünsche sie mir, und dann bekomme ich sie. Das Universum arbeitet viel logischer: Wenn Sie nicht bereit sind für die Liebe (weil Sie Ihre unbewußten Widerstände und Prägungen noch nicht aufgedeckt haben), wird das Universum Sie bereitmachen. Dies tut es, indem es Sie vor Herausforderungen stellt (dazu gehören auch schwierige Beziehungen), die ans Tageslicht bringen, was in Ihnen noch nicht sichtbar ist. Sobald Sie anfangen zu sehen, wie sehr Ihr Unbewußtes Ihr Verhalten, Ihre Gedanken und Ihre Gefühle beeinflußt, werden Sie erkennen, wie wichtig es ist, das, was unbewußt in Ihnen ist, zu einem Teil Ihrer Wirklichkeit zu machen. Ihr Unbewußtes erschafft nämlich unablässig aus dem Hintergrund heraus einen großen Teil Ihrer Wirklichkeit. Es bestimmt maßgeblich Ihr Schwingungsmuster. Allein dadurch, daß Sie das Unbewußte in den Blick nehmen, es urteilslos betrachten und es einfach sein lassen, kann das Schwingungsmuster, das Sie aussenden, sich allmählich auf das Schwingungsmuster dessen, was Sie sich wünschen, einstimmen. Haben Sie jemals so auf die Ereignisse in Ihrem Leben geblickt? Jedes Mal, wenn Sie in einer Beziehung nicht bekommen, was Sie bewußt wollen, zeigt dies, daß Sie diese beiden Frequenzen von Wunsch und Überzeugung noch nicht in Übereinstimmung gebracht haben. Und das bedeutet, daß es noch etwas zu tun gibt!

Liebe bedeutet innere Hausarbeit.

Wenn Sie sich wirklich auf die Suche nach dem Glück in der Liebe machen wollen, dann müssen Sie zuerst in Kontakt und Harmonie mit Ihrer inneren Natur kommen; schlußendlich gibt es nur eine Art, den Weg zum wahren Partner freizumachen, und der beginnt mit der eigenen spirituellen Entwicklung. Es ist entscheidend wichtig, zu einer ehrlichen Selbsteinsicht zu kommen – in *alle* Seiten der eigenen Seele, sowohl in die hellen als auch in die dunklen. Je mehr Sie alle Seiten von sich selbst kennen und gutheißen und die Verantwortung für sie übernehmen, um so ausgeglichener werden Ihre Beziehungen sein. Sie sind der Brunnen, aus dem Sie Ihr Liebesleben schöpfen. Je mehr Sie imstande sind, innerlich auf eigenen Beinen zu stehen, je zufriedener Sie mit dem eigenen Leben sind, je weiter Sie in Ihrer Entwicklung voranschreiten und je mehr Ganzheit und Vollkommenheit Sie in sich erreichen, desto näher kommen Sie einer ebenbürtigen, erfüllenden Beziehung.

Was bedeutet: »Ich liebe dich«?

Wissen Sie, daß diese magischen Worte eigentlich einen Entschluß beinhalten? »Ich bin entschlossen, dich wirklich kennenzulernen und mich selbst dir zu erkennen zu geben, jenseits der Oberfläche und jenseits meines Äußeren. In deiner Gegenwart offenbare ich die Beweggründe für meine Entscheidungen. Dank dir muß ich es, aber wage ich es auch? Wage ich es, nach dem Ursprung meiner Zweifel, Unsicherheiten und

Ängste zu sehen? Wirst du mich deinerseits an die Quelle der deinen lassen? Liebst du mich auch?« Passen Sie auf: »Ich liebe dich« heißt nicht: »Ich werde all deine Bedürfnisse und Erwartungen erfüllen«, genauso wenig wie: »Liebst du mich?« heißt: »Wirst du alle meine Bedürfnisse und Erwartungen erfüllen?« Sich zu sagen, daß man sich liebt, heißt, sich Seite an Seite auf den Weg der Selbsterkenntnis zu begeben, jeder für sich und in Begleitung und mit Unterstützung des anderen. Es reicht auch nicht, einmal die Tür zu öffnen und den Blick auf die tieferen Schichten zu erlauben, damit sich alles ganz von allein gut entwickelt. Was lernen wir daraus? Liebe will wachsen. Liebe will wachsen und fragt darum stets aufs neue danach, im Beisein des anderen tiefere Schichten von Ihnen zu enthüllen. Sie werden entdecken, daß es noch ganz viel in Ihnen gibt, von dem Sie noch nichts wissen. Liebe, wenn sie wahr ist, gibt Ihnen die Gelegenheit, sich auf den manchmal schwierigen und schmerzhaften Weg zur Selbsterkenntnis zu machen. Wieder und wieder werden Sie mit sich selbst und dem anderen konfrontiert. Jedes Mal sollten Sie sich aufs neue fragen, was die Bedeutung von diesem Mann oder dieser Frau in Ihrem Leben ist – um so zu entdecken, wie Ihre Gefühle für sie oder ihn Sie dazu bringen, Ihren Ängsten, Zweifeln und Unsicherheiten ins Gesicht zu sehen und ihn oder sie sehen zu lassen, was sich bei Ihnen verbirgt.

Wenn Sie sich selbst genug sind und imstande, alleine zu leben,
ohne sich einsam zu fühlen, dann sind Sie bereit,
Ihrem wahren Lebenspartner zu begegnen.

Die Liebe kennenzulernen, heißt vor allem, ordentlich innere Hausarbeit zu verrichten. Im Kern geht es darum zu erkennen, daß ein Großteil der Außenwelt eine unmittelbare Widerspiegelung Ihrer Innenwelt ist und daß das Erfahren von Liebe darum vor allem auf dem Entschluß beruht, erst einmal selbst liebevoller zu werden. Natürlich sind wir alle auf der Suche nach unserer »anderen Hälfte«. Jedoch gibt es, wie es Patricia Joudry und Maurice Pressman in *Zwillingsseelen* sagen, »einen großen Unterschied zwischen ›Bedürftigkeit‹ und ›göttlichem Unfrieden‹«. Um bereit zu sein für »das Wahre« in der Liebe (die Begegnung mit dem wahren Gegenstück), müssen Sie erst den Weg gegangen sein, Ihre emotionalen Probleme aufzulösen und sich das Unverzeihliche zu vergeben. Sie müssen sich selbst lieben und sich selbst voll und ganz so annehmen, wie Sie sind, und dabei nicht aufhören, sich weiterzuentwickeln. Dadurch werden Sie zu einem angenehmen, innerlich unabhängigen Menschen, der aufgrund seiner Liebe auch auf immer mehr Liebe stößt. Wenn Sie ein sinnvolles Leben für sich selbst aufgebaut haben, auch ohne Beziehung, im Grunde sich selbst genügen und imstande sind, alleine zu leben, ohne das Gefühl zu haben, einsam zu sein, dann haben Sie das Umfeld geschaffen, um das Wunder der Liebe selbst zum Leben zu erwecken.

Sorgen Sie dafür, daß das Schwingungsmuster Ihres Wunsches mit dem Schwingungsmuster Ihrer Überzeugungen in Übereinstimmung kommt.

Wunsch:
Ich möchte, daß die Beziehung zu meinem Geliebten besser wird.

Überzeugung 1:
Er findet mich nicht mehr attraktiv, und es wird wahrscheinlich doch nie mehr gut mit uns.

Diese Überzeugung hat ein ganz anderes Schwingungsmuster als der Wunsch. Dies führt zu einem Widerstreit und daher nicht zu einem Raum des Wachsens für Sie und Ihren Geliebten.

Überzeugung 2:
Wir stehen beide unter Druck und haben wenig Zeit füreinander. Wir stecken zu sehr in Gewohnheiten.

Das Schwingungsmuster dieser Überzeugung entspricht dem Wunsch etwas mehr.

Überzeugung 3:
Wir sind füreinander die große Liebe, und diese Liebe hat es verdient, ihren Raum und ihre Zeit zu bekommen. Es würde mich sehr glücklich machen, wenn wir dieselbe Vertrautheit wieder erfahren können wie damals, als wir uns kennenlernten.

Diese Überzeugung stimmt mit Ihrem Wunsch überein.

Zusammenfassung

1

Ein entscheidendes Mißverständnis von Liebe ist, daß sie Sie »überkommt«. Das kann einem durchaus so vorkommen, es ist aber nicht so. Liebe fällt nicht vom Himmel, wie sehr Sie sie auch herbeisehnen oder wie stark Sie sie visualisieren mögen.

2

Verliebtheit, die überkommt Sie. Liebe aber ist vor allem die Folge des Mutes, den eigenen Ängsten zu trotzen, und das geistige Ergebnis von Willens- und

Tatkraft. Verliebtheit erfordert keine weitere Anstrengung, während Liebe die Bereitschaft erfordert, sich selbst anzusehen und den Suchscheinwerfer nach innen zu richten anstatt nach außen.

3
Liebe erfordert den Mut, die eigenen Schattenseiten anzusehen, sich für das Unbekannte zu öffnen und zu akzeptieren, daß es etwas zu lernen gibt.

4
Die Liebe kennenzulernen, heißt vor allem, ordentlich innere Hausarbeit zu verrichten. Im Kern geht es darum zu erkennen, daß ein Großteil der Außenwelt eine unmittelbare Widerspiegelung Ihrer Innenwelt ist und daß das Erfahren von Liebe darum vor allem auf dem Entschluß beruht, erst einmal selbst liebevoller zu werden.

5
Oft ist es die Angst unseres Egos, das alles regeln und beherrschen will, die uns dazu bringt, aus einer Beziehung zu flüchten, wenn wir uns mit unserem Schmerz und unseren Wunden konfrontiert sehen und die Liebe eigentlich Kraft und Begeisterung fordert.

6
Wenn Sie sich entschlossen haben, der Liebe wirklich begegnen zu wollen, dann bedeutet das automatisch, daß Sie bereit sind, den Sprung in die Tiefe auch wirklich zu tun. Es bedeutet, daß Sie die völlige Verantwortung für die Verwirklichung Ihres Wunsches übernehmen und für alle Folgen und Risiken, die das mit sich bringt.

7
Wenn Sie den Sprung gewagt haben, stoßen Sie unvermeidlich genau auf all das, was Sie von der Erfahrung der Liebe abhält: Ihre unbewußten Widerstände, Konditionierungen und Programmierungen (den »Nein-Strom«).

8
Denken Sie also nicht: Ich will Liebe und wünsche sie mir, und dann bekomme ich sie. Das Universum arbeitet viel logischer: Wenn Sie nicht bereit sind für die Liebe (weil Sie Ihre unbewußten Widerstände und Prägungen noch nicht aufgedeckt haben), wird das Universum Sie bereitmachen. Dies tut es, indem es Sie vor Herausforderungen stellt (dazu gehören auch schwierige Beziehungen), die ans Tageslicht bringen, was in Ihnen noch nicht sichtbar ist.

9
Allein dadurch, daß Sie die unbewußte Programmierung (den »Nein-Strom«) in den Blick nehmen, sie urteilslos betrachten und einfach sein lassen, kann das Schwingungsmuster, das Sie aussenden, sich allmählich auf das Schwingungsmuster dessen, was Sie sich wünschen, einstimmen.

10
Je mehr Selbsterkenntnis Sie gewinnen und je mehr Sie imstande sind, innerlich auf eigenen Beinen zu stehen, je zufriedener Sie mit dem eigenen Leben sind, je weiter Sie in Ihrer Entwicklung voranschreiten und je mehr Ganzheit und Vollkommenheit Sie in sich erreichen, desto näher kommen Sie der Begegnung (oder Wiedervereinigung) mit Ihrer wahren anderen Hälfte.

Gesetz 2

Sie bekommen, was Sie geben

Nichts kann geschaffen werden, solange es keine Gegenseitigkeit gibt, ob es nun eine neue Galaxis, ein Kunstwerk oder eine gute Beziehung zwischen Menschen ist.

Eva Pierrakos

Um die tiefsten Wünsche zu manifestieren, ist es nicht nur wichtig zu wissen, was Sie vom Leben und von der Liebe bekommen wollen. Noch viel wichtiger ist, daß Sie sich bewußt sind, was Sie selbst *geben* können und wollen. Das Schöpfungsprinzip beruht nämlich auf Gegenseitigkeit. Sie können niemals etwas bekommen, was Sie selbst nicht geben. Und Sie bekommen es auch nicht, wenn Sie dafür nicht bereit sind oder das Gefühl haben, seiner nicht würdig zu sein, es nicht verdient zu haben. Wie wollen Sie Liebe, Achtung und Wertschätzung erkennen, solange sie Ihnen selbst als grundlegende Eigenschaften fehlen? Wie können Sie Liebe annehmen, wenn Sie finden, daß Sie ihrer nicht wert sind, und wie können Sie etwas geben, was Sie selbst nicht haben? Wie können Sie in einer Beziehung Erfolg haben, wenn Sie sich nur halb mit jemandem verbinden?

Kürzlich erzählte mir eine Freundin, sie sei einem Mann begegnet, bei dem es gleich »klick« gemacht habe. »Marc scheint mir nicht der Typ für eine Beziehung zu sein, denn er ist ein Freigeist. Mal sehen, wie es weitergeht.« In den folgenden Wochen klang sie immer sehr enthusiastisch, wenn ich mit ihr sprach, ich hörte aber auch Zweifel in ihrer Stimme. »Was meinst du? Wird das etwas, oder glaubst du, daß er sich nicht binden will?« Sie bekam eine SMS. Es war eine Nachricht von einem ihrer früheren Geliebten. »Nicht jetzt«, simste sie ihm zurück. »Er ruft ständig an und schickt SMS. Genau wie Eric.« »Schläfst du noch mit ihm?« frage ich sie. »Ab und an. Ich weiß bei Marc doch nicht, woran ich mit ihm bin. Ich habe ihm gesagt, daß ich bereit bin, meine ›Männerliste‹ zu streichen, wenn er es wirklich ernst mit mir meint.« »Und, was willst *du*?« frage ich sie. »Willst und kannst du dich binden?« Sie antwortete, daß sie das sehr wohl wolle, weil sie ihn doch sehr nett fand, daß sie aber Angst habe, es würde doch nie zu einer echten Beziehung kommen. »Es ist ein schreckliches Gefühl, so verrückt nach jemandem zu sein; es macht mich ganz krank, wenn er mir keine SMS schickt oder lange nichts von sich hören läßt. Ich hasse das Warten. Und dann fährt er morgen auch noch für sechs Wochen ins Ausland. Wer weiß, wem er da begegnet und was er da alles macht?« »Hast du mit ihm darüber gesprochen, weiß er, was du fühlst?« Sie zögerte. »Naja, ich mache dazu manchmal lockere Bemerkungen, will das nicht so schwer machen; ich denke, sonst stoße ich ihn ab.« Marc reiste an einem Freitag ab, und am Sonntag sprach ich mit meiner Freundin. »Ich bin gestern Nacht doch noch bei meinem Ex Eric gewesen«, erzählte sie mir begeistert. »Es war sehr gemütlich, er tat mir gut. Seine Zuwendung hat mein Selbstbewußtsein wieder aufgebaut.« Der Mann, nach dem sie so verrückt war, hatte ihr kaum den Rücken gekehrt, und sie lag – aus Mangel an Vertrauen in einen guten Verlauf der Dinge – gleich mit einem anderen Mann im Bett.

Halbherzigkeit führt zu halbherzigen Ergebnissen.

Diese Geschichte ist ein prächtiges Beispiel dafür, wie das Gesetz der Gegenseitigkeit wirkt. Diese Frau ist verrückt nach einem Mann und würde gerne eine Beziehung mit ihm eingehen. Aber sie hat Angst, daß er sich nicht binden will, und so bindet sie sich nur halb an ihn. Sie hat Angst, daß sie ihm nicht vertrauen kann, wenn er im Ausland ist, also hat sie nicht den Mut, selbst vertrauenswürdig zu sein, und hält Kontakt mit anderen Männern (denn, man stelle sich vor, ihr Vertrauen würde gebrochen; dem kommt sie lieber zuvor, indem sie selbst treulos ist). Sie will eine echte Verbindung mit ihm, bindet sich aber nur halb, damit es, wenn es schiefgeht, auch nur halb so weh tut. Das ist natürlich zum Scheitern verurteilt, denn das Universum fällt auf solche Tricks nicht herein; Halbherzigkeit führt zu halbherzigen Ergebnissen.

Der Grundsatz von Ursache und Wirkung

Eine Bindung erfordert Ausrichtung, Zuwendung und Hingabe. Ob Sie sich nun auf ein Ziel bei Ihrer Arbeit festlegen oder ob Sie sich in Ihrer Beziehung binden. Sich wirklich auf etwas einlassen bedeutet, die Aufmerksamkeit auf einen Punkt zu richten. Das heißt, daß Sie sich mit Leib und Seele dem hingeben, mit dem Sie sich verbinden. Da gibt es dann keine Vorbehalte und keine Einschränkungen mehr, Ihrem Ziel all Ihre Zeit und Aufmerksamkeit zu widmen und dafür all Ihre Fähigkeiten zu mobilisieren (körperlich, seelisch und geistig), um dasjenige, auf das Sie sich ausgerichtet haben, zum Erfolg zu führen. Das jedoch geschieht nur selten. Häufiger geben die Menschen sich nur halb hin, lehnen sich dann zurück und hoffen, daß andere (oder das Universum) den Rest erledigen. Und wenn das Ergebnis dann auch nur ein halbes ist, sind sie böse, enttäuscht oder erstaunt. Sie gehen nur mit einem Bein hinein und sind anschließend aufgebracht, weil sie nicht bekommen, was sie wollen, und sagen: »Was für ein Glück, daß ich nicht mit beiden Beinen hineingegangen bin. Stell dir vor, was sonst passiert wäre!«

Wollen Sie wahrhaft, was Sie behaupten zu wollen?

Was Sie aber nicht geben, können Sie nicht bekommen, das ist der Grundsatz von Ursache und Wirkung. Darum ist es wichtig, daß Sie jedes Mal, wenn Sie denken oder sagen, daß Sie etwas haben wollen, nach innen schauen und nachsehen, ob Sie bereit sind, sich diesem Ziel ganz hinzugeben. Stehen Sie wirklich hinter Ihrer Absicht? Gehen Sie tatsächlich mit beiden Beinen hinein, oder halten Sie noch ein bißchen von sich zurück? Meinen Sie echt, was Sie sagen, und wollen Sie wirklich, was Sie behaupten zu wollen? Wenn Sie, wie die Frau in unserem Beispiel, sagen, daß Sie eine erfüllende Beziehung wollen, sind Sie sich dessen sicher? Wie sehr wollen Sie es, wenn Sie sich nur mit einem Bein einlassen und Ihr Herz nicht völlig öffnen mit all den »Risiken«, die da nun einmal dazugehören? Bedenken Sie, wie groß das Risiko des Mißlingens ist, wenn Sie etwas mit so viel Zurückhaltung angehen.

Viele Menschen begreifen einfach nicht, warum sie in der Liebe nicht bekommen, was sie sich wünschen: Ich denke doch positiv, wünsche sie mir doch so sehr, warum begegnet sie mir dann nicht auf meinem Weg? Die Antwort ist: Wenn da noch ein Mangel in Ihrem Leben ist, dann gibt es noch Gegenkräfte, derer Sie sich nicht bewußt sind. Das Universum verstärkt Ihre Absicht – immer –, aber eben auch im negativen Sinn. Wenn Sie also um Enttäuschung »bitten« – weil Sie etwas mit einer darunterliegenden negativen Absicht beginnen –, dann legt das Universum noch eine Schippe drauf.

Allein wenn Ihre Absicht lauter ist, können Sie mit den Kräften des Universums in Übereinstimmung kommen.

Wirkliche Veränderungen in Ihrem Leben herbeizuführen, ist also nicht so einfach, wie man sich das zuweilen vorstellt. Das Gesetz der Anziehung zu kennen, führt nicht mühelos zu Ergebnissen. In der Praxis funktioniert das nun einmal anders. Das hat damit zu tun, daß die Lauterkeit Ihrer Absicht der alles bestimmende Faktor bei der Mitschöpfung des eigenen Daseins ist. Wille und Visualisierung sind zwar machtvolle Schöpfungswerkzeuge, doch das Gesetz der Schöpfung *beginnt* mit der Absicht. Absicht ist der Antrieb; Absicht ist die letztlich schaffende Kraft. Allein wenn Ihre Absicht lauter ist (und also frei von Negativität), können Sie mit den Kräften des Universums in Übereinstimmung kommen. Die meisten von uns haben jedoch neben ihrem bewußten Wollen eine negative Absicht (den »Nein-Strom«, die entgegenwirkende Kraft) in sich. Es ist folglich kein Pech oder Zufall, daß es die erfüllende Beziehung, die Sie sich wünschen, nicht gibt. Es ist die noch nicht erkannte entgegenwirkende Kraft, die dafür sorgt, daß Sie keinen Erfolg verbuchen können. Das Gesetz von Ursache und Wirkung wirkt immer. Solange Sie den Zusammenhang zwischen Ursache und Wirkung in Ihrer Beziehung nicht sehen können, ist es unmöglich, Ihre Beziehungsprobleme zu ergründen. Es gibt verschiedene Ursachen, warum Sie noch nicht zu voller Gegenseitigkeit imstande sind. Oft sind Sie sich dieser Gründe oder Ursachen nicht bewußt. Darum schreiben Sie den Schmerz, den Sie in Beziehungen erfahren, den Unzulänglichkeiten der anderen, dem Zufall oder einfach dem Pech zu.

Wie steht es mit Ihrer Fähigkeit zur Gegenseitigkeit?

Frage: Was schmerzt oder verdrießt Sie im Augenblick? Ist es etwas Nachweisbares, zum Beispiel, daß Sie keine glückliche Beziehung mit Ihrem Partner oder gar keinen Partner haben? Dann suchen Sie jeden Tag eine kurze Zeit der Stille, der Ruhe und des Alleinseins. Richten Sie Ihren Blick nach innen und fragen Sie sich, was Ihr eigener Anteil an diesem Umstand ist. Stellen Sie sich beispielsweise folgende Fragen: Bin ich eigentlich wirklich auf eine gleichwertige liebevolle Beziehung aus? Bin ich wirklich bereit, der Liebe mein Bestes zu geben? Bin ich bereit, die Grenzen meines eigenen Ichs zu überschreiten, um mich, den anderen und unsere Beziehung zu entwickeln? Bin ich bereit, richtig in die Beziehung zu investieren? Will und kann ich die Disziplin an den Tag legen, der Liebe nach der ersten Verliebtheit wirklich Gestalt zu geben? Bin ich wohl tatsächlich bereit, den anderen voll und ganz kennenzulernen und anzunehmen, so wie er oder sie wirklich ist? Bin ich echt offen für die Wirklichkeit des anderen? Und zuletzt: Bin ich fähig und mutig genug, offen zu sein für die Liebe des anderen, und kann ich wirklich damit umgehen, wenn meine Liebe voll und ganz erwidert wird?

Aus den Antworten, die aufsteigen, ergeben sich die wirklichen Absichten. Lautet die Antwort auf mehrere dieser Fragen »Nein«, dann haben Sie die Antwort auf das Warum Ihres jetzigen Schmerzes und Mangels.

Das Bewußtwerden Ihrer negativen Absichten ist der erste Schritt, um sich über die Probleme in Ihrer Beziehung oder die Gründe für das Fehlen einer Beziehung klarzuwerden. Der zweite Schritt ist nachzusehen, was Sie selbst in einer Beziehung zu bieten haben! Wir sind oft viel zu sehr mit dem Erstellen von Wunschlisten beschäftigt, die der »ideale Partner« zu erfüllen hat, bevor er oder sie die Chance bekommt, unsere Liebe zu erfahren. Wir haben am anderen etwas auszusetzen und allerlei Erwartungen an ihn, noch bevor wir ihn überhaupt kennen. Doch wie oft halten wir inne und fragen uns ehrlich, was wir dem anderen zu *geben* bereit sind?

Wie funktioniert Ihre Liebe?

Stellen Sie sich zum Beispiel einmal die folgende Frage: Gehe ich die Beziehung aus Liebe zu mir selbst ein, oder möchte ich, daß ein anderer mich liebt, um meinen Mangel an Selbstliebe auszugleichen? Eine wichtige Frage, denn im ersten Fall gehen Sie aus freien Stücken eine Beziehung ein, im zweiten Fall aus Bedürftigkeit, was schließlich und unvermeidlich zu einer ungleichen und daher problematischen Beziehung führt. Sie wollen dann Liebe vom anderen bekommen, ohne in der Lage zu sein, selbst Liebe zu geben. Wahrscheinlich glauben Sie, daß Sie es können, aber solange Sie sich nicht selbst so annehmen, wie Sie sind, werden Sie auch den anderen nicht so annehmen können, wie er oder sie ist. Sie haben Ihr Glück in die Hände eines anderen gelegt und wollen noch nicht für sich selbst sorgen. Damit machen Sie sich emotional abhängig, und werden so mit Sicherheit mit der Zeit genervt und frustriert sein.

Gehen Sie die Beziehung aus Liebe zu sich selbst ein, oder muß der andere unbewußt Ihren Mangel an Selbstliebe ausgleichen?

Wenn Sie einen ehrlichen Blick nach innen richten und die Beziehungen in Ihrem Leben anschauen, werden Sie feststellen, daß bedingungslose Liebe ein schwer einzulösendes Wort ist und Sie in Wirklichkeit Liebe nur geben und fühlen können, wenn andere Ihren Erwartungen entsprechen und den Zweck erfüllen, den Sie ihnen zugedacht haben. Wie funktioniert Ihre Liebe, wenn der andere tut, was er oder sie will – und das ganz und gar nicht mit dem übereinstimmt, was Sie wollen, wünschen oder erwarten? Funktioniert Ihre Liebe noch, wenn der andere nicht nett oder gut zu Ihnen ist? Bei den meisten von uns muß die ehrliche Antwort jetzt »nein« lauten. Dann können Sie der Art Ihres Umgangs miteinander allerhand Namen geben, sie aber nicht »Liebe« nennen. Sie sollten es lieber Ausnutzen des anderen nennen. Unbewußt ist Ihre innere Haltung eigentlich: Ich gebe dir etwas, ein paar Krümel, denn in mir habe ich auch nicht so viel, und dann gibst du mir das beste, was du im Hause hast. Eigentlich will ich etwas vom anderen bekommen, was ich innerlich nicht geben kann oder nicht bereit bin zu geben. Sind Ihre Beziehungen bisher nicht erfüllend? Dann liegt die Ursache hier.

Wollen Sie Vertrauen? Geben Sie Vertrauen!
Wollen Sie Verbindlichkeit? Geben Sie Verbindlichkeit!

Sie bekommen im Leben immer genau das zurück, was Sie selbst geben, und Sie bekommen eben das nicht, was Sie selbst nicht geben. Wenn Sie oft verletzt werden oder zu kurz kommen, dann untersuchen Sie einmal, auf welche Weise Sie unbewußt andere verletzen oder sie bei Ihnen zu kurz kommen. Wenn Sie oft kritisiert werden, dann schauen Sie, wie Sie andere kritisieren und beurteilen. Wenn andere oft Ihre Erwartungen nicht erfüllen, dann fragen Sie sich einmal, in welcher Hinsicht Sie den Erwartungen der anderen nicht entsprechen. Alles ist eine Wechselwirkung, nichts fällt einfach so vom Himmel. Sie bekommen, was Sie geben; das Universum macht keinen faulen Handel. Also: Wollen Sie Vertrauen? Geben Sie Vertrauen!

Wollen Sie Verbindlichkeit? Geben Sie Verbindlichkeit! Wollen Sie Verständnis? Dann verstehen Sie erst sich selbst! Wollen Sie Ehrlichkeit, seien Sie ehrlich! Wollen Sie Sie selbst sein? Gestehen Sie dem anderen zu, ganz er oder sie selbst zu sein! Wollen Sie einen sexy Partner? Seien Sie ein sexy Partner! Wenn Sie den idealen Partner wollen, müssen Sie zuerst lernen, der ideale Partner zu *werden.* Sie werden nur in dem Maße geliebt, wie Sie selbst liebevoller werden – sich selbst und anderen gegenüber.

Je mehr Sie lernen, sich genau so anzunehmen, wie Sie sind, um so weniger Angst haben Sie, daß Sie von anderen keine Liebe bekommen. Und je weniger Angst Sie haben, daß andere Ihnen nicht immer die Liebe auf genau die Art geben, wie Sie sie denken oder erwarten, desto mehr werden Sie imstande sein, Liebe zu geben und echte Liebe zu haben. Und nur dann werden Sie wahrhaft von anderen etwas bekommen. Denn Geben und Empfangen – ich besprach das in *The Deeper Secre*t – sind keine zwei verschiedenen Dinge, wie es uns unser dualistischer Blick auf das Leben glauben läßt. Im Universum geschieht alles vermittels eines dynamischen Austauschs, durch fortdauernd pulsierende Bewegungen des Energiestroms von Geben und Empfangen. Schauen Sie in die

Natur: Das Weltall zieht sich zusammen und dehnt sich aus; das Meer gibt und nimmt zurück. Und da der Mensch Teil der Natur ist, gelten für ihn dieselben Naturgesetze. Das Aufhalten des dynamischen Kraftstroms hat dieselbe Wirkung wie der Staudamm in einem Fluß, der den lebendigen fließenden Strom des Wassers unterbricht. Sie nabeln sich damit vom Kraftstrom ab, wodurch der weitere Austausch zwischen Ihnen und anderen und Wachstum unmöglich werden.

Wenn Sie den idealen Partner wollen,
müssen Sie erst lernen, der ideale Partner zu sein.

Solange Geben für Sie noch bedeutet, daß Sie dann weniger haben und Sie darum stets etwas zurückbekommen müssen, ist das kein wirkliches Geben, und es wird zwischen Ihnen und anderen nichts Positives zuwege bringen. Solange Ihre Liebe noch gepaart ist mit Erwartungen und Zurückbekommen, hat das mit Liebe nichts zu tun. Sie geben dann nicht aus innerem Überfluß, sondern aus innerem Mangel. Sie geben dann nicht aus Ihrem Herzen, um den anderen glücklich zu machen, sondern Sie geben, um selbst dasjenige zu bekommen, was Sie benötigen und was Sie eigentlich zuerst einmal sich selbst zu geben lernen müßten.

Lassen Sie sich in Ihrer Beziehung so sehen, wie Sie sind?

Haben Sie zur Zeit eine unbefriedigende Beziehung ohne Tiefgang, Vertrauen und Intimität? Können Sie sich in Ihrer Beziehung so ausdrücken, wie Sie sind, dürfen Sie sagen, was Ihre wirklichen Wünsche, Träume und Sehnsüchte sind, was Sie denken und fühlen, was Sie schön finden oder verabscheuen? Oder erlauben Sie dem anderen nur, Ihr »Idealbild« zu sehen, weil Sie denken, daß Sie so, wie Sie wirklich sind, nicht liebenswert sind? Wenn Letzteres der Fall ist, dann ist das eine gute Meßlatte dafür, wo Sie stehen. Sie können sich noch nicht so annehmen, wie Sie sind, und können sich nicht vorstellen, daß der andere Ihr wahres, ganzes Selbst lieben könnte. Hierdurch können Sie den anderen auch nicht so annehmen, wie er oder sie wirklich ist. Und das schließt die besagte Gegenseitigkeit aus. Denn wenn Sie nicht völlig Sie selbst sein können, dann kann der andere sich bei Ihnen nicht sicher und geborgen fühlen. Wenn Sie sich nicht als die ganze Person, die Sie sind, öffnen können, dann kann und wird sich der andere auch nicht öffnen.

Zusammenfassung

1

Das Schöpfungsprinzip beruht auf Gegenseitigkeit. Sie können niemals etwas bekommen, was Sie selbst nicht geben.

2

Eine Bindung erfordert Ausrichtung, Zuwendung und Hingabe. Ob Sie sich nun auf ein Ziel bei Ihrer Arbeit festlegen oder ob Sie sich in Ihrer Beziehung binden.

3

Bei allem, von dem Sie denken oder sagen, es haben zu wollen, ist es wichtig, nach innen zu schauen und nachzusehen, ob Sie bereit sind, sich diesem Ziel hinzugeben. Stehen Sie wirklich hinter Ihrer Absicht, und wie lauter ist Ihre Absicht wirklich?

4

Die meisten von uns haben neben ihrem bewußten Wollen eine negative Absicht (den »Nein-Strom«, die entgegenwirkende Kraft) in sich. Es ist daher kein Pech oder Zufall, daß es die erfüllende Beziehung, die Sie sich wünschen, nicht gibt. Es ist die noch nicht erkannte entgegenwirkende Kraft, die dafür sorgt, daß Sie keinen Erfolg verbuchen können.

5

Das Gesetz von Ursache und Wirkung wirkt immer. Solange Sie den Zusammenhang zwischen Ursache und Wirkung in Ihrer Beziehung nicht sehen können, ist es unmöglich, Ihre Beziehungsprobleme zu ergründen.

6

Das Bewußtwerden Ihrer negativen Absichten ist der erste Schritt, um sich über die Probleme in Ihrer Beziehung oder die Gründe für das Fehlen einer Beziehung klarzuwerden. Der zweite Schritt ist nachzusehen, was Sie selbst in einer Beziehung zu bieten haben!

7

Gehe ich die Beziehung aus Liebe zu mir selbst ein, oder möchte ich, daß ein anderer mich liebt, um meinen Mangel an Selbstliebe auszugleichen?

8

Alles ist eine Wechselwirkung, nichts fällt einfach so vom Himmel. Sie bekommen in Ihrem Leben immer das zurück, was Sie selbst geben, und Sie bekommen genau jenes nicht, was Sie selbst nicht geben.

9
Wollen Sie Vertrauen? Geben Sie Vertrauen! Wollen Sie Verbindlichkeit? Geben Sie Verbindlichkeit! Wollen Sie Verständnis? Dann verstehen Sie! Wollen Sie Offenheit? Seien Sie offen! Wollen Sie Sie selbst sein, gestehen Sie dem anderen zu, ganz er oder sie selbst zu sein! Wollen Sie einen sexy Partner? Seien Sie ein sexy Partner!

10
Wenn Sie den idealen Partner wollen, müssen Sie zuerst lernen, der ideale Partner zu *werden.* Sie werden nur in dem Maße geliebt, wie Sie selbst liebevoller werden, sich selbst und anderen gegenüber.

Gesetz 3

Liebe dich selbst

Das Glück gehört jenen, die an sich selbst genug haben.

Aristoteles

Ihr Selbstbild wird zu Ihrem Schicksal

Viele Menschen machen persönliche Beziehungen zu ihrem Lebensziel und sind eigentlich andauernd auf der Jagd nach dem wahren, idealen Partner, der alle Erwartungen und Bedürfnisse erfüllt. Sie wollen an der Illusion einer romantischen Erlösung, einer magischen anderen Hälfte festhalten und laufen immer wieder der Liebe hinterher. Viele von uns vertun ihre Zeit damit, über das Leben zu philosophieren und von der Persönlichkeit des Mannes oder der Frau zu träumen, die man heiraten will oder die man heiraten muß, um sich vollständig und ganz zu fühlen. Sie binden ihr Leben an das eines anderen, anstatt selbst der Mittelpunkt ihres Lebens zu sein. Wie oft haben Sie selbst schon gedacht: Wenn ich nur jemanden hätte, der mich liebt, dann bekommt alles wieder einen Sinn und dann wird das Leben endlich wieder richtig schön! Aber mit dieser Einstellung finden Sie natürlich nicht die Liebe, nach der Sie sich so sehr sehnen, denn es bedeutet, daß Ihnen die Liebe und Wertschätzung der allerwichtigsten Person in Ihrem Leben fehlt – nämlich die von Ihnen selbst.

Die Suche nach dem idealen Partner ist eigentlich die Suche danach, wer Sie wirklich sind.

Es ist, glaube ich, nicht schwer zu verstehen, wie entscheidend das Selbstwertgefühl für den Erfolg von Beziehungen ist. Ihr Selbstbild ist der Filter, durch den Sie auf die Außenwelt blicken, und Ihre daran gekoppelten Überzeugungen sind großteils die Grundlage, auf der Sie Ihre Wahl im Leben und in der Liebe treffen. Sie erschaffen einen Großteil der Außenwelt aus Ihrer Innenwelt, was bedeutet, daß Sie, viel mehr als Sie glauben, der Schöpfer Ihres eigenen Schicksals sind. Ihre Beziehungen spiegeln nichts anderes wider als die Beziehung, die Sie zu sich selbst haben. Wie ein Magnet ziehen Sie jene Erfahrungen und

Menschen an, die genau mit Ihren unbewußten Bedürfnissen, Sehnsüchten, Zweifeln und Ängsten übereinstimmen. Wenn das Verhalten eines anderen Menschen Sie frustriert oder irritiert, dann sagt das nichts über dessen wahres Selbst und auch nichts über seine oder ihre Gefühle für Sie aus. Sondern es sagt nur über *Sie* etwas aus. Es sind *Ihre* Gefühle, und für die können Sie niemanden sonst haftbar machen. Nur Sie allein tragen die Verantwortung für Ihren Bewußtseinsstand, und darum können auch nur Sie allein die Situation verändern. Der andere ist lediglich der Spiegel, in welchem Sie sich selbst sehen können. Je mehr Selbsterkenntnis Sie gewinnen und je mehr Selbstverantwortung Sie zu übernehmen lernen, desto mehr werden Sie in der Lage sein, die Probleme in Ihrer Beziehung zu verstehen.

Wie ein Magnet ziehen Sie jene Erfahrungen und Menschen an, die genau mit Ihren unbewußten Bedürfnissen, Sehnsüchten, Zweifeln und Ängsten übereinstimmen.

Sie suchen in Beziehungen das, was Ihnen fehlt

Die Suche nach dem idealen Partner ist eigentlich die Suche nach dem, der Sie wirklich sind, Ihre Ur-Sehnsucht nach innerer Ganzheit. Darum fühlen Sie sich oft von jemandem angezogen, der etwas hat, was Ihnen scheinbar fehlt. Oftmals »sehen« Sie daher den anderen nicht wirklich, sondern sehen in ihm nur Ihre eigenen Bedürfnisse, Unzulänglichkeiten und Ängste. Eigentlich sehen Sie in dem Menschen, der Ihnen gefällt, »das Fehlende« von sich selbst, und es gefällt Ihnen eben nicht der betreffende Mensch, wie er oder sie wirklich ist. Schauen Sie einmal nach Ihren eigenen Beziehungsmustern. Werden Sie immer wieder von dem unglaublich spontanen Menschen angezogen, der seinen

Gefühlen freien Lauf läßt und sich nicht darum schert, was andere von ihm denken, und der ganz mit sich im reinen zu sein scheint? Dann wird es Zeit, daß Sie sich ein Herz fassen und mehr Sie selbst sind und sich weniger darum kümmern, was andere von Ihnen denken! Suchen Sie sich beispielsweise immer wieder einen selbstsicheren Menschen, der sehr zufrieden mit sich ist – vielleicht sogar selbstverliebt? Dann besteht sehr gut die Möglichkeit, daß Sie zufriedener mit sich selbst werden und sich selbst mehr lieben sollten. Fühlen Sie sich immer von Menschen angezogen, die in ihrem Leben ein ganz klares Ziel haben, das sie mit aller Leidenschaft und Selbstdisziplin verfolgen? Dann wird es wahrscheinlich höchste Zeit, daß Sie in Ihrem Leben wieder ein Ziel finden und Struktur in Ihr Leben bringen! Haben Sie immer wieder eine Schwäche für egozentrische, egoistische Männer oder Frauen? Dann haben Sie wahrscheinlich ein unterentwickeltes Ego, und es wird höchste Zeit, daß Sie im Leben mehr Raum für sich beanspruchen und einnehmen! Sie sehen: Mit den Projektionen der unterentwickelten Seite von sich selbst auf die Männer oder Frauen, mit denen Sie zu tun haben, versuchen Sie unbewußt, etwas zu finden, was kein Prinz und keine Prinzessin auf ihrem weißen Pferd Ihnen geben kann, nämlich den nicht ausgewachsenen Teil von Ihnen selbst.

Die Suche nach dem idealen Partner ist eigentlich die Suche nach dem, der Sie wirklich sind.

Wenn Sie wirklich klar erkennen, daß Ihre Beziehungen vielfach Projektionen davon sind, was Sie noch in sich selbst entwickeln müssen, und wenn Sie es wagen, Ihre Beziehungen so zu sehen, dann kann das unheimlich befreiend sein. So werden Sie nämlich zu jemandem, der nicht mehr »aus Versehen« in bestimmte Beziehungen gerät, sondern der stetig besser lernt, bewußt sein eigenes Leben zu erschaffen. Scheinbar unerklärliche Schwierigkeiten in Bezug auf Ihre Beziehungen werden Sie als eigene Schöpfungen und von dem Augenblick an einfach als Ursache und Wirkung erkennen. Je mehr Sie die Muster bei der Auswahl Ihrer Beziehungen ohne Werturteil betrachten und durchschauen, desto mehr kommen Sie mit Ihrer positiven Schöpferkraft in Verbindung. Da die negativen Situationen das Ergebnis Ihrer schöpferischen Fähigkeiten waren, haben Sie umgekehrt die Fähigkeit, dafür zu sorgen, daß die Ergebnisse fortan andere sind.

Ihr Selbstbild kann
das Verkehrte zum Richtigen verändern
und umgekehrt.

Wenn Sie mehr Selbsterkenntnis gewinnen und Ihre Beziehung zu sich selbst ehrlicher und besser wird und Sie ohne Urteil oder Angst auf Ihre Unzulänglichkeiten und Schwächen blicken können, werden Sie viel weniger geneigt sein, sich Beziehungen aus »unbewußten Projektionen« heraus auszusuchen. Je mehr Sie sich selbst zugestehen, so zu sein, wie Sie sind, desto entspannter werden Sie in Beziehungen sein, weil es nun keine Frage von Leben und Tod mehr ist, ob Sie eine Beziehung haben oder nicht. Je beständiger, verständnisvoller und liebevoller Ihre Beziehung zu sich selbst wird, desto mehr werden Sie imstande sein, in Ihren Entscheidungen bei sich selbst zu bleiben, und um so geringer ist die Gefahr, daß Sie sich in Beziehungen verlieren. Wenn Sie in sich selbst einen Verbündeten und Partner gefunden haben, sollten Sie zu einer Partnerschaft mit jemand anderem imstande sein und die Menschen anziehen, die ebenfalls zu einem Bündnis und einer Partnerschaft imstande sind. Je mehr Einheit Sie durch Selbsterkenntnis in sich selbst schaffen, desto mehr Einheit können Sie mit anderen erfahren. Bis dahin sind alle Beziehungen Übungen, um herauszufinden, wer Sie wirklich sind. Sehen Sie es so; denken Sie nicht in

Begriffen von Mißlingen, wenn Dinge anders laufen als gehofft oder gedacht. Sehen Sie es als Möglichkeit, die Beziehung zu sich selbst zu stärken und zu heilen und ein wundervoller, starker, unabhängiger Mensch zu werden. Seien Sie darum niemals böse auf Ihren Ex-Partner und sehen Sie nicht mit Bedauern zurück. Seien Sie dankbar dafür, daß Sie durch das Zusammensein mit ihm oder ihr ein Stück von sich selbst gefunden haben!

Sich in Beziehungen verlieren

Die Liebe zu anderen ist unauflöslich mit der Liebe zu sich selbst verbunden. Sie können unmöglich jemand anderen lieben, wenn Sie nicht zuerst sich selbst lieben. Und je besser die Beziehung zu Ihnen selbst ist und je stärker das Selbstwertgefühl, desto eher werden Sie gesunde Beziehungen eingehen anstelle von ungesunden, aufbauende anstelle von abbauenden. Es ist eine Binsenweisheit, daß Sie niemanden lieben können, wenn Sie nicht zuerst sich selbst lieben, doch deshalb ist sie nicht weniger wahr. Woran Sie wahrscheinlich weniger denken, ist das Folgende: Wenn Sie sich selbst als wertlos, wenig anziehend und nicht liebenswert empfinden, werden Sie nicht glauben können, daß jemand Sie wirklich liebt. Wenn Sie sich selbst nicht annehmen, wie können Sie die Liebe eines anderen wirklich annehmen?

Wenn Sie keine Verbindung mit Ihrer eigenen Seele haben,
keine Beziehung zu sich selbst,
können Sie auch keine Einheit mit anderen erfahren.

Stellen Sie sich vor, daß Ihnen morgen Ihr Idealpartner begegnet. Wenn Sie jedoch keine Verbindung mit Ihrer eigenen Seele haben, keine Beziehung zu sich selbst, dann wird das Idealbild flugs zu Bruch gehen, weil Angst aufkommt. Sie werden Todesangst haben, daß der andere irgendwann sieht, wie Sie wirklich sind, oder Sie haben Angst, daß jemand daherkommt, der netter, tüchtiger oder klüger ist als Sie. Eifersucht wird Sie plagen, denn wenn Sie kein echtes Selbstbewußtsein, sondern das Gefühl haben, nichts Besonderes zu sein, dann denken Sie automatisch auch, daß Sie einfach gegen eine andere Frau oder einen anderen Mann ausgetauscht werden könnten. Wenn Sie keine Verbindung mit sich selbst haben, werden Sie in Beziehungen immer Angst haben, den anderen zu verlieren, weil Sie denken, damit einen Teil von sich selbst zu verlieren. Durch den anderen haben Sie das Gefühl zu existieren – selbst wenn dieser Mensch Sie schlecht behandelt. Am liebsten würden Sie den anderen ganz besitzen. »Wenn ich sie oder ihn verliere, verliere ich die einzige Person, die mich liebt, denn ich selbst liebe mich nicht.« Wenn Sie wenig Selbstwert haben, werden Sie diese Schritte auslassen und Ihrem Geliebten von Anfang an mißtrauen: »Was will er oder sie von mir? Hier ist etwas faul!«

Wie oft denken Sie: Wenn ich nur jemanden hätte, der mich liebt, dann würde das Leben endlich gut!

Je unvollständiger Sie sich innerlich fühlen, desto stärker ist Ihre Sehnsucht nach dem einen magischen Menschen, der alles in Ordnung bringt. Verlieben Sie sich nicht immer dann, wenn Sie sich verwundbar fühlen, traurig sind und sich nicht wohlfühlen in Ihrer Haut? Wenn die Liebe vorüber ist, haben Sie dann das Gefühl, selbst auch nicht mehr zu existieren, und fallen Sie dann in ein tiefes Loch wie bei einer Entziehungskur? Warten Sie, bis die nächste große Liebe da ist, bevor Sie wichtige Entscheidungen in Ihrem Leben treffen? Und wenn Sie einen Partner haben, beschäftigen Sie sich dann mehr damit, sein Verhalten und seine Persönlichkeit zu analysieren und womit Sie ihn oder sie verbessern können, als sich um Ihre eigene Entwicklung zu kümmern? Und wird Ihr Glück mehr durch Ihr Liebesleben als durch Ihr eigenes Leben bestimmt? Wenn Sie eine oder mehrer dieser Fragen mit »ja« beantworten müssen (trösten Sie sich: wie so viele von uns), dann sind Sie noch immer in der Vorstellung gefangen, daß Sie das Fehlende von sich in etwas Fremdem finden: im Körper und Geist eines anderen. Sie geben sich selbst auf, aus Gewohnheit oder aus einer Zwangsvorstellung, und so werden Sie sich stets aufs neue in romantischen Beziehungen verlieren. Eigentlich ist es unbewußt immer wieder das Aufschieben der eigenen Entwicklung. Solange Sie immer damit beschäftigt sind, die Lösungen außerhalb von sich zu suchen, müssen Sie ja Ihre innere Hausarbeit nicht tun und keine Verantwortung für sich selbst übernehmen. Dieser Kreislauf wird sich stets wiederholen, solange Sie Ihren Suchscheinwerfer nicht nach innen richten.

Was Sie erschaffen, sind Sie selbst!

Keine Tat und kein Gedanke kann bestehen, ohne daß Sie selbst es wollen. Alles im Leben gibt immer unsere Überzeugungen wieder, was wir von uns halten und uns wünschen. Erfahrungen folgen dem Bewußtsein und nicht umgekehrt. Ihr Leben wird daher von Ihrem Bewußtsein bestimmt. Das Schöne daran ist, daß dies auch für die positiven Erfahrungen und Situationen in Ihrem Leben gilt. Doch wie oft sind Sie sich dessen bewußt, daß Sie auch diese selbst geschaffen haben, daß auch sie eine Äußerung Ihrer inneren Haltung und Sicht auf sich selbst und das Leben sind?

Solange Ihre Beziehungen noch darauf beruhen, daß Sie einander brauchen, werden Sie immer wieder auf sich selbst zurückgeworfen, und Ihre Beziehungen werden niemals wirklich erfüllend sein können. Der andere wird am Ende immer bestimmen und zu erkennen geben: Mach es doch selbst. Oft hat der andere alles getan, und Sie sind sich gar nicht bewußt, daß Sie voneinander etwas erwarten, was Sie sich selbst nicht geben können: bedingungslose Liebe, die auf bedingungsloser Liebe zu sich selbst beruht.

Eine Beziehung wird sich schwerlich in Liebe verwandeln, wenn sie ihren Ursprung in einem unterentwickelten Selbst hat. Die gegenseitigen Ansprüche und der beiderseitige Mangel an Selbstliebe bilden das größte Hindernis für echtes Vertrauen, echtes Nehmen und Geben und für ein wahrhaftes, intimes Band. Wenn im Kern kein Selbstwertgefühl ist, dann fehlt damit eine wichtige Voraussetzung, um wirkliche Liebe geben zu können und sich vom anderen wirklich geliebt und wertgeschätzt zu fühlen. Es ist dabei vor allem die Bereitschaft zu sehen, was an dem anderen besonders und einzigartig ist, was ihn zum richtigen Freund, zur richtigen Freundin oder zum Partner macht. Ihr Selbstbild kann den Verkehrten zum Richtigen machen und umgekehrt.

Beschäftigen Sie sich mehr damit, das Verhalten und die Persönlichkeit Ihres Partners zu analysieren und womit Sie ihn oder sie verbessern können, als sich um Ihre eigene Entwicklung zu kümmern?

Ein schönes Beispiel ist eine Frau, die ich einmal im Urlaub kennenlernt habe. Sie erzählte mir, daß sie seit geraumer Zeit eine unmögliche Beziehung mit einem Mann hat. Trotz der Qualen, die ihr diese Beziehung bereiteten, kam sie doch nicht von ihm los. Immer, wenn sie in ihrer Beziehung einen Schritt auf ihn zuging, trat er einen Schritt zurück. Körperlich zog er sich immer mehr von ihr zurück und immer häufiger fand er Ausreden, um nicht mit ihr zusammen zu sein oder mit ihr intim zu werden. Die Frau hatte allerhand Theorien und Erklärungen für seine Zurückhaltung, etwa, daß er seine wahren Gefühle für sie in sich verschloß aus Angst, den Schmerz der Vergangenheit noch einmal zu erleben. Sie schien sehr ehrlich mit sich zu sein. »Wir machen es uns in Beziehungen oft sehr schwer«, sagte sie. »Und wir tun das nur allzu gern. Ich sah schon lange, daß es nicht gutging, aber ich hatte mich nun einmal für diese Beziehung entschieden. Von da an war die Beziehung eine Obsession, ein Vorhaben, das gelingen *mußte*, koste es, was es wolle, und selbst, wenn es mein eigenes Selbst kosten würde. Ich dachte immer: Wenn ich mich so und so verhalte und geduldig mit ihm bin, dann wird er irgendwann den Mut aufbringen und näherkommen. Wenn ich freundlich, abwartend, ruhig, heiter und weiblich bin und nichts von ihm erwarte, dann kommt er von selbst. Aber jetzt sind Monate vergangen, und er kommt nicht!«

*Wenn Sie der Liebe eines anderen nicht mehr bedürfen,
dann sind Sie bereit für eine erfüllende Beziehung.*

Wir tun anderen und uns selbst keinen Gefallen, wenn wir werden, wie sie uns haben wollen oder wie wir meinen, daß sie uns haben wollen – anstatt so, wie wir wirklich sind, dachte ich, als ich ihre Geschichte hörte. Die meisten von uns wissen das. Doch ist uns offenbar viel daran gelegen, uns so zu verhalten in der Hoffnung, daß wir uns damit die Liebe »verdienen«, die nicht von selbst da ist. Das kommt daher, weil wir weiter an die »romantische Erlösung«, an den magischen Anderen glauben, der dafür sorgt, daß alles schön und gut wird. Wir müssen zugeben: Wir alle sind bereit, dafür etwas von uns zu opfern. Die Wahrheit ist natürlich, daß Sie, solange Sie nicht innerlich mit sich selbst zu Rate gehen, Sie sich immer wieder jemanden suchen, der Ihre unterentwickelten Seiten spiegelt, wodurch emotionale Abhängigkeit und unbefriedigende Beziehungen entstehen. Unbewußt wird Ihre Partnerwahl immer wieder davon bestimmt sein, was Sie brauchen, anstatt von dem, wer der andere wirklich ist – so sehr Sie vielleicht auch glauben mögen, daß es von Ihrer Seite »echte Liebe« ist. »Warum will ich diese Quälerei?« fragte sich die Frau laut. »Warum bin ich bereit, zu opfern, was ich wirklich bin, und mein wahres Selbst zu unterdrücken um der Liebe dieses Mannes willen? Warum will ich einen Mann, der mich nicht will, jedenfalls nicht so, wie ich bin?« Diese Frau sah aus wie viele Menschen, die in ihrem Leben und in der Liebe zu lange nach Ursachen und Antworten außerhalb von sich gesucht haben: enttäuscht und verbittert, aber am allermeisten wohl müde – todmüde von ihrer Suche nach etwas, das mit diesem Mann nichts zu tun hatte: das Fehlende von sich selbst.

Sie können zur Liebe nur »ja« sagen,
wenn Sie auch »nein« zu ihr sagen können.

Das große Liebesgeheimnis

Ich glaube, für viele von uns gilt, daß wir, wenn wir uns nicht durch die Augen eines Geliebten sehen können und nicht vom Licht eines anderen beschienen werden, gar nicht wissen, ob es uns überhaupt gibt. Meine Mutter hat immer gesagt: »Eine Beziehung muß Freiheit in Gebundenheit sein, aber die meisten Beziehungen beruhen auf Nötighaben, nicht auf Liebhaben.« Ich sehe immer mehr, wie wahr das ist. Wahlfreiheit ist lebensnotwendig für die Liebe, und um die Kräfte des Universums für sich arbeiten zu lassen, müssen Sie die Bedürftigkeit überwinden. Sie können nämlich zur Liebe nur »ja« sagen, wenn Sie auch »nein« zu ihr sagen können. Selbstwert ist daher der bestimmende Faktor, um mit den Schöpfungsgesetzen arbeiten zu können. Ohne ein gesundes Selbstwertgefühl und ein gewisses Maß an Eigenliebe können Sie die Schöpfungsgesetze zwar verstehen, nicht aber anwenden. Ich habe das schon in *The Deeper*

Secret geschrieben, kann es jedoch nicht oft genug wiederholen: Bei allem, was Sie sich wünschen und erbitten, achtet das Universum immer auf eine Sache: Ob Sie es aus Ihrem Selbstwert und der Eigenliebe heraus wünschen oder ob Sie den Mangel daran mit etwas von außen füllen wollen. Immer wenn Letzteres der Fall ist, werden Sie es nicht (auch nicht vorübergehend) bekommen, und es geht »zurück auf Anfang«. Das Universum wird Sie ein ums andere Mal mit Erfahrungen konfrontieren, die Sie auffordern, Ihr Band mit sich selbst zu festigen.

Sie bekommen das, woran Sie nicht mehr mit dem Ego und seiner Angst und seinen Verhaftungen und einschränkenden Gedanken festhalten, das ist ein kosmisches Gesetz. Wenn Sie der Liebe eines anderen nicht mehr bedürfen, um das Gefühl zu haben, überhaupt da und wichtig zu sein, dann sind Sie bereit für eine erfüllende Beziehung, das ist das große Liebesgeheimnis.

Wenn ich an die Ereignisse in meinem Leben zurückdenke, weiß ich, daß die schwerste Lektion, die wir im Leben zu lernen haben, die bedingungslose Liebe ist, für uns selbst wie für andere. Mein Leben ist oft nicht so gelaufen, wie ich gedacht, erwartet oder gehofft hatte, jedoch waren es die Momente der Konfrontation mit der enormen Launenhaftigkeit des Daseins, die das beste Training waren, das Leben zu lieben, *wie es ist.* Dies sorgte dafür, daß ich inzwischen weiß, daß die einzige Konstante im Leben nur Sie selbst sind – und daß der einzige Quell der Liebe und Wertschätzung allein in Ihnen selbst existiert. Wer diesen Quell erschließt, spricht damit unmittelbar die Liebe des Universums an. Glück in der Liebe ist nicht möglich, ohne mit sich selbst glücklich zu sein. Glücklich sein, ist »erfüllt« sein, und Erfüllung ist etwas ganz anderes als »Vollsein«. Erfüllung ereignet sich aus Ihnen selbst; es ist nichts von außen, niemand kann es Ihnen geben. Wenn Sie mit Ihrem Kern aus unendlicher Liebe verbunden sind, dann können Sie sich mühelos mit der Kraft der Höheren Mächte verbinden.

Zusammenfassung

1
Ihr Selbstbild ist der Filter, durch den Sie auf die Außenwelt blicken, und Ihre daran gekoppelten Überzeugungen sind großteils die Grundlage, auf der Sie Ihre Wahl im Leben und in der Liebe treffen. Sie erschaffen einen Großteil der Außenwelt aus Ihrer Innenwelt, was bedeutet, daß Sie, viel mehr als Sie glauben, der Schöpfer Ihres eigenen Schicksals sind.

2
Ihre Beziehungen spiegeln nichts anderes wider als die Beziehung, die Sie zu sich selbst haben. Wie ein Magnet ziehen Sie jene Erfahrungen und Menschen an, die genau mit Ihren unbewußten Bedürfnissen, Sehnsüchten, Zweifeln und Ängsten übereinstimmen.

3
Die Suche nach dem idealen Partner ist eigentlich die Suche nach dem, der Sie wirklich sind, Ihre Ur-Sehnsucht nach innerer Ganzheit. Darum fühlen Sie sich oft von jemandem angezogen, der etwas hat, was Ihnen scheinbar fehlt. Oftmals »sehen« Sie daher den anderen nicht wirklich, sondern sehen in ihm nur Ihre eigenen Bedürfnisse, Unzulänglichkeiten und Ängste.

4
Es ist eine Binsenweisheit, daß Sie niemanden lieben können, wenn Sie nicht zuerst sich selbst lieben, doch deshalb ist es nicht weniger wahr. Woran Sie wahrscheinlich weniger denken, ist das Folgende: Wenn Sie sich selbst als wertlos, wenig anziehend und nicht liebenswert empfinden, werden Sie nicht glauben können, daß Sie jemand wirklich liebt. Wenn Sie sich selbst nicht annehmen, wie können Sie die Liebe eines anderen wirklich annehmen?

5
Solange Ihre Beziehungen noch auf der Grundlage beruhen, daß Sie einander brauchen, werden Sie immer wieder auf sich selbst zurückgeworfen und Ihre Beziehungen werden niemals wirklich erfüllend sein können.

6
Wahlfreiheit ist lebensnotwendig für die Liebe, und um die Kräfte des Universums für sich arbeiten zu lassen, müssen Sie die Bedürftigkeit überwinden. Sie können nämlich zur Liebe nur »ja« sagen, wenn Sie auch »nein« zu ihr sagen können. Selbstwert ist daher der bestimmende Faktor, um mit den Schöpfungsgesetzen arbeiten zu können. Ohne ein gesundes Selbstwertgefühl und ein gewisses Maß an Eigenliebe können Sie die Schöpfungsgesetze zwar verstehen, nicht aber anwenden.

7
Bei allem, was Sie sich wünschen und erbitten, achtet das Universum immer auf eines: Ob Sie es aus Ihrem Selbstwert und der Eigenliebe heraus wünschen oder ob Sie den Mangel daran mit etwas von außen füllen wollen.

8
Immer wenn Letzteres der Fall ist, werden Sie es nicht bekommen (auch nicht vorübergehend), und es geht »zurück auf Anfang«. Das Universum wird Sie ein ums andere Mal mit Erfahrungen konfrontieren, die Sie auffordern, Ihr Band mit sich selbst zu festigen.

9
Sie bekommen das, woran Sie nicht mehr mit dem Ego und seiner Angst und seinen Verhaftungen und einschränkenden Gedanken festhalten, das ist ein kosmisches Gesetz.

10
Wenn Sie der Liebe eines anderen nicht mehr bedürfen, um das Gefühl zu haben, überhaupt da und wichtig zu sein, dann sind Sie bereit für eine erfüllende Beziehung, das ist das große Liebesgeheimnis.

Gesetz 4

Es gibt keine schlechten Beziehungen

Eine Beziehung ist niemals ein »Unfall«. Ob sie gut ist oder nicht, Ihr Partner ist immer der vollkommen richtige Lehrer für Sie. Es gibt im Universum nun einmal keine Fehler.

Byron Katie

Ihre Beziehung ist genau so, wie sie jetzt sein muß

Beziehungen sind eigentlich viel weniger verwickelt als sie scheinen. Sie bleiben verwickelt, solange Ihr Bewußtsein nicht mit der tieferen Bedeutung von allem, was Sie erfahren, verbunden ist und solange Sie glauben, daß Ihre Beziehungen nichts mit dem zu tun haben, was Sie sich wünschen. Wahrscheinlich denken Sie jetzt: Aber ich habe mir doch keinen Partner gewünscht, der fremdgeht, mich belügt und mich respektlos behandelt? Die Antwort darauf lautet: Nein, auf *bewußter* Ebene wahrscheinlich nicht. Aber unbewußt haben Sie diesen Mann oder diese Frau mit mathematischer Präzision ausgesucht. Diese Beziehung ist die kosmische Antwort auf Ihr Bedürfnis nach Bewußtwerdung. Sie ist eine Einladung, den Selbstwert zu vergrößern, sich selbst mehr zu lieben, Grenzen zu setzen und zu lernen »nein« zu sagen zu Situationen und Menschen, die Ihnen nicht gerecht werden. Ich glaube, das Ziel unserer Beziehungen liegt darin, uns zur Vollkommenheit hin zu entwickeln, zur Ganzheit, und ich vertraue darauf, daß alles, was uns auf unserem Weg begegnet, eine für jede Seele genau maßgeschneiderte Ermutigung zum Wachsen ist. Von dieser Warte aus betrachtet, gibt es dann auch nicht so etwas wie »schlechte Beziehungen«, sondern nur Beziehungen, deren Bedeutung für Ihre Bewußtseinsentwicklung Sie noch nicht erkannt haben.

Beziehungen sind dafür da, die innere Wahrheit kennenzulernen.

Es gibt also keine »schlechte Beziehung« mit einem »schlechten Menschen«. Ihre Beziehung ist genau so, wie sie sein muß, und was wirklich stattfindet, ist genau das, was Ihrem Wachstum zugute kommt. Wie Byron Katie in *Liebe, Sex und Beziehungen* sagt: »Wenn Ihr Partner ärgerlich ist, ist das gut. Wenn er Dinge an sich hat, die Sie als Fehler betrachten, ist das gut, denn es sind Ihre eigenen Fehler. Wenn es Dinge an ihm oder ihr gibt, die Sie irritieren, ist das gut, denn diese Qualitäten sind die Ihren – Sie projizieren sie. (…) Manche Leute gehen nach Indien, um sich einen Guru zu suchen, aber das ist gar nicht nötig: Sie leben mit einem. Ihr Partner wird Ihnen alles geben, was Sie brauchen, um sich zu befreien.« So ist dies genau die richtige Beziehung mit genau dem richtigen Menschen in diesem Moment. Alles ist ganz genau so, wie es sein muß. Alles ist darauf gerichtet, daß Sie dahinterkommen, was Sie wirklich fühlen, sich wünschen, denken oder brauchen. Beziehungen bestehen, um die innere Wahrheit kennenzulernen, Sie wachsen zu lassen zu dem, der Sie wirklich sind, und damit Sie lernen, sich selbst bedingungslos zu lieben. Beenden Sie die Beziehung, bevor Sie Ihre innere Hausarbeit gemacht haben, dann bedeutet dies, daß Sie sich unbewußt wieder auf die Suche nach ähnlichen Situationen und Beziehungen begeben. Dann stoßen Sie auf jemanden, der vielleicht noch ein wenig »schlimmer« ist, wodurch Sie auf noch drastischere Weise auf Ihre eigenen Schwachstellen hingewiesen werden. Das ist ein maßgeschneiderter kosmischer Test, um herauszufinden, ob Sie gelernt haben, wozu diese Beziehung Sie auffordert; und ob Sie wirklich für die folgende Stufe auf der Leiter Ihrer Bewußtseinsentwicklung bereit sind und für die Beziehung, die perfekt dazu paßt. Das Universum wartet unterdessen mit einem Lächeln: »Mal sehen, was sie jetzt macht. Oh je, da geht sie wieder. Oder wird sie diesmal vielleicht doch…« Das Universum spielt und tanzt mit uns – wir antworten darauf meist mit Widerstand. Wir spielen, tanzen und fließen nicht mit. Wir lehnen uns gegen den Wandel auf und machen aus der Liebe darum oft einen Kampf.

Ihre Beziehungen sind immer die Antwort
auf Ihr Schwingungsmuster.

Beziehungen sind »innere Möglichkeiten«

Jede Beziehung ist wertvoll, jede Beziehung ist heilig. Denn erst in Ihrer Beziehung mit anderen werden die ungelösten Probleme in Ihrer Seele angesprochen und also sichtbar. Ihre Beziehungen sind deshalb nicht die Ursache dafür, daß Sie unglücklich sind; sie lassen Sie haargenau erkennen, wie Sie über sich selbst denken und was Sie sich wünschen und weisen Sie auf tiefer liegende innere Konflikte hin. Besonders jene Beziehungen, die als unglücklich erfahren werden, enthalten vielfach ganz viele Möglichkeiten und Hinweise, um sich selbst zu heilen. Darum sind Beziehungen »innere Möglichkeiten«, Chancen für Selbstverantwortlichkeit und Selbsterforschung. Denken Sie einen Augenblick an eine Beziehung zurück, in der Sie sich völlig verloren haben. War diese Beziehung nicht zugleich auch der Beginn, sich selbst zu finden? Oft müssen wir uns erst verlieren, um uns selbst zu finden. Wir stoßen in unseren Beziehungen immer wieder an denselben Stein, bis wir begriffen haben, warum wir diese Wahl getroffen haben und auf welchen Gedanken und Überzeugungen sie beruhte. Wenn diese (Selbst-)Einsicht stattfindet, verändert sich unser Schwingungsmuster, und von dem Augenblick an ziehen wir Ereignisse und Menschen an, mit eben jenen Herausforderungen, die wiederum dazu gehören.

Jede Beziehung ist heilig.

Wir wachsen mit dem hartnäckigen Mißverständnis auf, daß Beziehungen dafür da sind, unsere Sehnsüchte zu erfüllen und, wenn es klappt, zu bleibendem Glück zu führen. Letzteres mag manchmal der Fall sein, muß es aber nicht. Eine schöner Ausspruch von B. J. Weiss lautet: »Beziehungen werden nicht in Zeit gemessen, sondern in Lektionen, die gelernt wurden.« Jedoch sind die meisten Menschen nicht gewohnt, in dieser Weise auf ihre Beziehungen zu blicken. Wenn eine Beziehung so verläuft, wie wir hoffen, es wünschen und erwarten, nennen wir sie eine gute Beziehung. Verläuft sie hingegen anders als wir denken, dann nennen wir sie alsbald sinnlos oder mißlungen. Wir beenden die Beziehung dann meist und geben dem anderen – am liebsten bis in alle Ewigkeit – die Schuld an unserem Schmerz. Wir bekommen nicht, was wir wollen, und sind deswegen oft blind für das, was wir bekommen. Was wir bekommen ist nämlich ein »Top-Coaching« des Kosmos, um durch unsere Beziehung zu mehr Selbsterkenntnis, innerem Frieden und Ganzheit zu gelangen. Wir indessen denken, es allemal viel besser zu wissen. »Ich hätte lieber einen Mann mit dunklem Haar, der etwas braver ist – oder eben aufregender – ein Mann, der mehr macht, was ich will, oder eben nicht.« Es ist niemals richtig, und wissen Sie, warum nicht? Weil wir unglaublich findig sind beim Umschiffen unserer Lebenslektionen. Es gibt immer ein »Aber«, um unsere innere Arbeit nicht tun zu müssen, weil wir entsetzliche Angst haben, uns selbst anzuschauen. Darum meiden wir oft den wahrhaftigen, tiefgehenden Kontakt mit anderen oder brechen ihn ab, bevor er tiefer geht. So versuchen wir, die Illusion aufrechtzuerhalten, daß nicht wir selbst, sondern die anderen die Ursache für unsere Schmerzen und Probleme sind.

Beziehungen spielen eine Schlüsselrolle bei der Selbstläuterung.

Oft beschuldigen oder verurteilen wir andere, weil wir die Last unserer inneren Blockaden eigentlich in deren Anwesenheit am deutlichsten fühlen und nicht, wenn wir allein sind. So fand ein guter Freund unlängst seine große Liebe. »Nach ihr habe ich mein ganzes Leben gesucht, wir gehören zusammen!« rief er außer sich vor Freude. »Alles ist wieder wunderbar, ich fühle wieder, daß ich lebe!« Nach zwei Monaten machte er Schluß. »Diese Beziehung ist zu intensiv und darum nicht gut für mich.« Tatsache war, daß er durch sie zu sehr mit seinem Unvermögen konfrontiert wurde, sein Herz zu öffnen, und seiner Angst, sich wirklich tiefgehend emotional an jemanden zu binden. Lieber erklärte er seine Angst weg und nahm mit wehem Herzen Abschied von ihr, als die Beziehung mit seiner großen Liebe als eine Ermutigung zu betrachten, sich der Angst zu stellen, sich durch die Beziehung mit ihr wirklich kennenzulernen.

Wenn (Selbst-)Erkenntnis da ist,
verändert sich unser Schwingungsmuster.

Beziehungen sind Einladungen, sich selbst auf einer tieferen Ebene zu begegnen. Es liegt jedoch immer wieder an Ihnen, ob Sie die Einladung annehmen. Beziehungen vergegenwärtigen das »Spiegelprinzip« und machen sichtbar, was Ihnen nicht bewußt war. Beziehungen spielen dann auch eine Schlüsselrolle bei der Selbstläuterung, verraten Ihnen viel von Ihren Schwächen und was daran zu tun ist. Denn wie ein Magnet ziehen Sie Erfahrungen und Menschen an, die mit Ihren unbewußten Bedürfnissen, Sehnsüchten und Ängsten übereinstimmen. Indem Sie die Probleme und Muster in Ihren Beziehungen bei Ihrem unbewußten inneren Kampf berücksichtigen, machen Sie den Weg frei für mehr Selbsterkenntnis und Wachstum in der Beziehung. Muster in Beziehungen spiegeln Ihre inneren Muster. Viele Menschen, die eine problematische Jugend gehabt hatten, haben die tiefe Überzeugung, daß sie nicht gut genug sind und daß etwas mit ihnen nicht stimmt. Dadurch suchen sie unbewußt ihr ganzes Leben lang immer und überall nach der Liebe und Wertschätzung, die sie in ihrer Jugend vermißt haben. Sie machen die Überzeugungen aus ihrer Jugend stets wieder zur Wirklichkeit – oft ohne daß sie sich dessen selbst bewußt sind.

Muster in Beziehungen spiegeln Ihre inneren Muster.

Schauen Sie, was die Liebe von Ihnen will

Dies bedeutet zu erkennen, welche Rolle die Menschen um Sie herum für Ihre Entwicklung spielen – und die Rolle, die Sie für sie spielen. Wenn Sie bereit sind, in dieser Weise auf Ihre Beziehungen zu blicken, werden Sie merken, daß Sie ganz anders auf die Menschen reagieren und diese deshalb auch auf Sie; und daß neue und andere Menschen in Ihr Leben treten. Hören Sie auf, über die Wirklichkeit zu urteilen, und schauen Sie, was die Liebe von Ihnen will. Was versucht sie Ihnen zu sagen? Worauf will sie Sie hinweisen, auf welchen Punkt in Ihnen will sie Sie hinführen und wozu werden Sie herausgefordert? Wenn Sie auf diese Art an Ihre Beziehungen herangehen, setzt das ungeahnte kosmische Kräfte frei. Denn die »Grenze«, die bisher bestand, ist nicht mehr gültig. Dadurch geben Sie dem Leben und der Liebe den Raum und die Möglichkeit, für Sie zu arbeiten.

Jede Beziehung in Ihrem Leben hat eine Funktion. Diese ist meistens eine völlig andere, als die, die ihr jemand zugedacht haben mag. Meist sind Sie vom anderen enttäuscht, wenn der nicht die Funktion erfüllt, die Ihnen so schön sicher, angenehm oder praktisch erschien. Jedes Problem, jeder Ärger in einer Beziehung ergibt sich aus dem Unterschied zwischen der Funktion, die Sie jemandem zugedacht haben, und der Funktion, die die Beziehung in Wirklichkeit hat. Es gibt in Wahrheit nur eine Funktion, und diese Funktion ist, Ihr inneres Wachstum anzuregen. Die Kunst ist also, das Thema Ihres inneren Wachstums zu erkennen und zu sehen, welche innere Lektion Ihr Geliebter widerspiegelt. So können Sie erkennen, wozu Ihr Partner in Ihrem Leben gut ist. (Das gilt allerdings auch für Familienmitglieder, Freunde, Nachbarn oder Kollegen, mit denen Sie eine besondere Beziehung oder Verbindung haben.) Jede Beziehung ist mit kosmischer Präzision auf Ihren Lebensweg plaziert worden. Womöglich haben Sie gerade eine quälende Beziehung hinter sich gelassen, oder Sie hängen noch mittendrin. Glückwunsch, denn dann sind Sie hoffentlich in einer »Hardcore-Transformation«.

Jede Beziehung ist die Widerspiegelung dessen, was Sie denken

So sehr Sie das Universum (oder Gott oder die Natur, wie immer Sie es nennen) wahrscheinlich manchmal auch verwünschen, wenn Sie in der Liebe von Verzweiflung gepackt werden: Die Intelligenz des Universums wirkt folgerichtig und harmonisch und hat immer das Beste mit Ihnen im Sinn. Jede Beziehung – auch jene, die Sie als sehr schmerzhaft und problematisch erfahren – ist die Widerspiegelung dessen, was Sie denken, fühlen und glauben, und von den Vorstellungen, die Sie sich machen. Sie sind der Schöpfer Ihrer eigenen Wirklichkeit; Gedanke für Gedanke geben Sie Ihrem Dasein Gestalt. Beziehungen mit anderen sind immer die Antwort auf Ihr »Schwingungsmuster« (den Punkt, an dem Sie in Ihrer Bewußtseinsentwicklung sind) und daher das Ergebnis Ihrer Schöpfungskraft. Sie ziehen an, was Sie aussenden. Ihre Beziehungen verweisen stets auf einen Wunsch, einen Gedanken oder eine Überzeugung in Ihnen selbst – ob Sie sich dessen nun bewußt sind oder nicht. Landen Sie immer wieder in verwickelten oder unmöglichen Beziehungen, haben Sie noch immer nicht die Beziehung, die Sie so gerne wollen? Gut möglich, daß Sie, ohne es zu bemerken, in einem Schwingungsmuster festhängen, das nicht mit der Schwingung dessen übereinstimmt, was Sie bewußt wollen.

Oft müssen wir uns erst verlieren, um uns selbst finden zu können.

So fragte mich Kim, eine Freundin von mir, einmal: »Sag, was steht auf meiner Stirn geschrieben? Daß ich für gelegentlichen Sex zur Verfügung stehe?! Ich komme aus dem Büro, nehme die Straßenbahn, und dann? Ein riesiger Range Rover fährt die ganze Strecke nach Hause neben mir, und der junge blonde Fahrer lächelt mir die ganze Zeit zu. Ich lächele zurück und mache dazu Zeichen: Was soll das? Als ich am Ziel bin und aussteige, hält er an und gibt mir seine Telefonnummer. ›Ruf mich an, wenn du Lust auf Unfug hast.‹« »Und nun?« fragte ich sie. Sie antwortete: »Jetzt werde ich mit SMS' überhäuft.« Also hatte sie auch ihm ohne viel Federlesen ihre Nummer gegeben.

Kim war seit einiger Zeit geschieden und hatte danach ausschließlich »freibleibende Kontakte«. Nun war sie, jedenfalls glaubte sie das, wieder bereit für eine »echte Beziehung«; eine, die auf gegenseitigem Interesse, Geborgenheit und Vertrauen beruhte. Jedoch waren alle Männer, mit denen sie in Kontakt kam, bereits gebunden, nur an einer losen Verbindung interessiert, Verpflichtungen abhold oder gegen das Wort »Verantwortlichkeit« allergisch. Und weil die Männer, mit denen sie zu tun hatte, keine ernsthafte Beziehung wollten, hatte sie beschlossen, die Nummern der Kontakte mit »gelegentlichem Sex« nicht aus ihrem Handy zu löschen. Der Mann, den sie angeblich in ihrem Herzen wollte, war noch nicht da, warum also sollte sie die alten Schuhe wegwerfen, wenn sie noch keine neuen hatte?

Jede Begegnung ist eine Widerspiegelung dessen, was Sie denken, fühlen und glauben, und von den Vorstellungen, die Sie sich machen.

Das ist wahrscheinlich eine der offensichtlichsten Antworten auf die Frage vieler Menschen, warum sie in Beziehungen nicht bekommen, was sie wollen. Für eine erfüllende Beziehung müssen Sie Raum schaffen, und den Raum schaffen

Sie, indem Sie zuallererst von den Beziehungen Abschied nehmen, die nicht richtig und nicht befriedigend für Sie sind. Kim faßt keinen Entschluß, sondern läßt allem seinen Lauf. Der Raum fühlt sich für sie leer an, und Leere muß gefüllt werden. Notfalls auch mit Beziehungen, die ihr eigentlich nicht genügen. Kim behauptet, eine Beziehung zu wollen, gibt ihre Telefonnummer jedoch einem Mann, der eindeutig nur an einer Affäre interessiert ist. Damit pflegt sie Umgang mit Männern, die ihr nicht geben können und auch nicht geben werden, was sie in tiefstem Herzen will: eine wahrhaftige Beziehung mit jemandem, der sie liebt und den sie liebt. Sie will also etwas, wofür sie noch nicht bereit ist, ist sich dessen jedoch nicht bewußt. Dies führt dazu, daß sie nicht begreift, warum der richtige Mann nicht auftaucht.

Um die Beziehung zu bekommen, die Sie wollen,
müssen Sie die entgegenwirkenden Kräfte entlarven.

Ihr Verlangen hat ein ganz anderes Schwingungsmuster als ihre unbewußten Überzeugungen. Auf unbewußter Ebene herrschen Angst und ein Mangel an Vertrauen; Angst vor der Leere, Angst davor, das Alte loszulassen und das fehlende Vertrauen, daß in der Zukunft eine schöne, vollwertige Beziehung auf sie wartet. Ihre bewußten und ihre unbewußten Schwingungsmuster sind also nicht in Übereinstimmung. In *The Deeper Secret* nannte ich dies den Unterschied zwischen »Ja-Strom« und »Nein-Strom« (Bezeichnungen, die ich von Eva Pierrakos übernommen habe). Es ist die unbewußt entgegenwirkende Kraft, die Ihr bewußtes Verlangen hintertreibt. Um die Beziehung zu bekommen, die Sie wollen, ist es darum wichtig, daß Sie die entgegenwirkenden Kräfte aufdecken und sich selbst auf die Schwingungsebene bringen, die dafür sorgt, daß Sie alles, was Sie auf bewußter Ebene wünschen, auch wirklich annehmen können.

Leben Sie die Liebe, wie sie gemeint ist

Das Leben ist eine Schule, und Beziehungen sind die Hochschule. Das bedeutet nicht, daß alles eine elende Plackerei ist; es gibt durchaus schöne Seiten dabei, Verantwortung zu übernehmen, sich selbst zu entwickeln und zu lernen. Hausarbeiten müssen nicht langweilig sein. Denken Sie einmal an Ihre Schulzeit zurück und wie toll Sie sich gefühlt haben, als Sie für Ihre Hausarbeit eine gute Note bekommen haben. Ein Teil der inneren Hausarbeit besteht darin, in Ihren Gedanken Ordnung zu schaffen und Einsicht zu gewinnen, wie Sie sich durch einen Mangel an Selbsterkenntnis und Durchblick immer wieder in Ihren eigenen Gedanken verstricken. Nicht, was Ihnen in der Außenwelt geschieht, behindert Sie und macht Sie unglücklich, sondern die Welt Ihres eigenen Bewußtseins. Viele Beziehungsprobleme rühren von Gefühls- und Denkmustern her, die in Ihrem Unbewußten verborgen liegen. In dieser Hinsicht können Sie durch andere unglaublich viel über sich selbst lernen. Beziehungen sind das umfassendste und herausforderndste innere Übungsgelände. Sie bilden den »alchemistischen Grundstoff«, mit dessen Hilfe Sie sich zu einem ausgeglichenen, ganzen und sympathischen Menschen entwickeln können, zu einem unabhängigen Menschen, der fähig ist, echte Verbindungen einzugehen und aus innerer Freiheit und Vertrauen heraus gesunde Beziehungen aufzubauen und aufrechtzuerhalten.

Erkennen Sie die Funktion Ihrer Beziehung für Ihre Bewußtseinsentwicklung!

Es gibt in jeder Beziehung in Ihrem Leben drei bedeutsame Fragen, die Sie sich stellen sollten:

1. Was war die Funktion des Beginns der Beziehung? Warum haben Sie sich kennengelernt?
2. Was war die Funktion der Beziehung?
3. Was war die Funktion Ihrer Trennung?

Beispiele:
1. *Die Funktion vom Beginn der Beziehung kann sein:* Es war das erste Mal, daß Sie eine eigenständige Entscheidung getroffen haben; Sie haben sich entschlossen, etwas zu tun, was Sie als notwendig erachtet haben – gleichgültig was andere dachten.

2. *Die Funktion der Beziehung kann sein:* Lernen, für sich selbst einzustehen und emotional selbständig zu werden. Es kann sein, daß Sie einen Partner hatten, der egoistisch oder nicht vertrauenswürdig und launisch war, der daher keine Sicherheit und Ruhe bot, wodurch Sie immer wieder ganz auf sich selbst zurückgeworfen wurden und Ruhe und Sicherheit in sich selbst finden mußten.

3. *Die Funktion Ihrer Trennung kann sein*: Zu lernen loszulassen und auf eigenen Beinen zu stehen und für sich selbst zu sorgen – ohne Ihren Wert, Ihre Würde und Ihre Bedeutung an Ihrem Partner zu messen; zu entdecken, daß Sie auch ohne den anderen sympathisch und besonders

sind, wirklich selbständig zu werden und sowohl emotional als auch in finanzieller Hinsicht wirklich für sich selbst sorgen zu können.

Die besonderen Freundschaften und Beziehungen, die ich in meinem Leben hatte, hatten alle eines gemeinsam: daß beide Partner die Funktion des Zusammenseins erkannten und anerkannten. Sie nehmen sich nicht gegenseitig als Geiseln für eine Funktion, die sie einander zugedacht haben und die ihnen zum Vorteil gereicht, sondern sehen die Beziehung in ihrem wahren Licht. Sie betrachten ihr Zusammensein als heiliges Rüstzeug für ihrer beider Bewußtseinsentwicklung. Sie wissen, daß wenn jeder für sich wächst, sie auch zusammen wachsen können; sie erkennen, daß das Wachsen das höhere Ziel ihres Zusammenseins ist. Sie erwarten vom anderen nicht, eine Rolle zu spielen, sondern erinnern sich gegenseitig fortwährend daran, wer sie wirklich sind. Sie leben kein Märchen, sondern die Liebe so, wie die Liebe gemeint ist.

Zusammenfassung

1

Der Sinn von Beziehungen liegt darin, uns zur Vollkommenheit hin zu entwickeln, zur Ganzheit. Alles, was Ihnen auf Ihrem Weg begegnet, ist eine für Ihre Seele genau maßgeschneiderte Ermutigung zum Wachsen.

2

Es gibt darum keine »schlechten Beziehungen«, sondern nur Beziehungen, deren Funktion für Ihre Bewußtseinsentwicklung Sie noch nicht erkannt haben.

3
Ihre Beziehung ist genau so, wie sie sein muß, und was passiert, ist genau das, was Ihrem Wachstum zugute kommt. So ist es genau die richtige Beziehung mit genau dem richtigen Menschen in diesem Moment.

4
Sie stoßen in Ihren Beziehungen immer wieder an denselben Stein, bis Sie begriffen haben, warum Sie diese Wahl getroffen haben und auf welchen Gedanken und Überzeugungen sie beruht.

5
Wenn (Selbst-)Einsicht stattfindet, verändert sich Ihr Schwingungsmuster, und von dem Augenblick an ziehen Sie Ereignisse und Menschen mit eben jenen Herausforderungen an, die dazugehören.

6
Beziehungen spielen eine Schlüsselrolle bei der Selbstläuterung, verraten Ihnen viel über Ihre Schwächen und was daran zu tun ist. Denn wie ein Magnet ziehen Sie Erfahrungen und Menschen an, die mit Ihren unbewußten Bedürfnissen, Sehnsüchten und Ängsten übereinstimmen.

7
Indem Sie die Probleme und Muster in Ihren Beziehungen in Ihren unbewußten inneren Kampf mit einbeziehen, machen Sie den Weg frei für mehr Selbsterkenntnis und Wachstum in der Beziehung.

8
Muster in Beziehungen spiegeln Ihre eigenen inneren Muster wider.

9
Jede Beziehung in Ihrem Leben hat einen Sinn. Dieser ist meist ein völlig anderer, als der, welchen Sie darin erkennen.

10
Es gibt in Wahrheit nur einen Sinn, und dieser ist, Ihr inneres Wachstum anzuregen. Die Kunst ist also, das Thema Ihres inneren Wachstums zu erkennen.

11
Welche innere Lektion spiegelt Ihr Geliebter wider? So können Sie erkennen, wozu Ihr Partner in Ihrem Leben gut ist. (Das gilt allerdings auch für Familienmitglieder, Freunde, Nachbarn oder Kollegen, mit denen Sie eine besondere Beziehung oder Verbindung haben.)

12
Jede Beziehung ist mit kosmischer Präzision auf Ihren Lebensweg plaziert worden.

Gesetz 5

Akzeptieren Sie Ihre Schattenseiten

Indem ein Individuum versucht, seinen Schatten zu sehen, wird es sich jener Eigenschaften und Impulse bewußt, die es bei sich selbst leugnet, bei anderen aber um so klarer sieht.

Marie Louise von Franz

Wir sind keine Engel

Das »Geheimnis«, daß jeder so gerne kennen möchte, kann natürlich unmöglich so simpel, gefällig und leichtfüßig sein, wie es in *The Secret* daherkommt. Das würde bedeuten, daß jeder das Geheimnis schon kennt und ohne Probleme anwenden kann. Selbstentwicklung wäre dann Zeitverschwendung, Lebenslektionen wären überflüssig und das menschliche Dasein auf der Erde darum sinnlos. Das stimmt aber nicht. Unsere Seele sucht sich das irdische Leben aus, mit all seinen materiellen Begrenzungen und Widerständen, um sich selbst zu erfahren; das irdische Dasein ist der Spiegel, in dem sich die Seele sehen kann. Das bedeutet beispielsweise, daß andere genau das widerspiegeln, was wir bei uns leugnen oder unterdrücken. Es ist nicht so, daß wir Menschen sind, die »spirituell« werden müssen; wir sind spirituelle Wesen, deren Aufgabe es ist, sich kennenzulernen und genau so anzunehmen, wie sie sind – und so ein vollständiger Mensch zu werden. Von unserem Menschsein aus können wir uns spirituell weiterentwickeln, es entsteht eine »verwurzelte Spiritualität«, von der Sie wirklich etwas haben und von der die Welt etwas hat. Um mit Ihrer Schöpfungskraft in Verbindung zu kommen, gibt es darum keine Tricks oder bequemen Geheimnisse, sondern Sie müssen sich nun einmal als *Mensch* zur Ebene des *Seins* hin entwickeln.

Ihre Seele sucht sich das irdische Leben aus,
um sich selbst zu erfahren.

Das wird in vielen sogenannten spirituellen Kreisen schon mal vergessen. Die Flucht ins Spirituelle und »abzuheben« hat mit wirklicher Spiritualität nichts zu tun. »Wir sind aus Fleisch und Blut, wir sind keine Engel«, sagte Paul de Blot (Professor für Business-Spiritualität in Nyenrode) einmal in einem Interview.

Ich finde, das ist eine gute Herangehensweise an den Begriff Spiritualität. Das Wort, so wie es heute allgemein gebraucht wird, führt zu vielen Mißverständnissen. Etwa, daß Spiritualität bedeute, Auseinandersetzungen aus dem Weg zu gehen; daß man keine Gefühle zeigen darf; daß man keine Grenzen setzen darf. Denn das ist alles so unerleuchtet! Direktheit und Spiritualität passen für viele Menschen, die von sich sagen, spirituell zu sein, nicht zusammen. Die lösen alles in Licht und Liebe auf, indem sie im Lotussitz verständnisvoll dazu nicken. Doch zu glauben, daß man im Leben nicht gleichzeitig ein spirituelles Wesen *und* ein Krieger sein kann, macht schwach. Es ist ein gewaltiger Irrtum.

Wirkliche Spiritualität wurzelt in unserer Menschlichkeit.

Menschen, die wirklich spirituell sind, sehen, daß der Kampf der Verbündete von Liebe ist, Auseinandersetzung der Gefährte von Frieden, Mut der Gefährte von Verwundbarkeit; und vor allem ist Menschlichkeit die absolute Voraussetzung für echte Spiritualität. »Spirituell sein« und mit der Schöpfungskraft und der Magie des Daseins in Verbindung zu kommen, bedeutet vor allem, nicht vor dem Menschsein zurückzuschrecken – und hat mit Mut und Disziplin zu tun. Um den inneren Weg zu gehen, benötigen Sie nämlich besonders viel Mut und Disziplin. Es ist nicht damit getan, die richtige mystische Literatur zu lesen, einen Reiki-Kurs oder einen Lehrgang in intuitivem Malen zu besuchen oder jeden Mittwochnachmittag in perfektem Yoga-Outfit in ein trendiges Yogastudio zu gehen, in das zufällig der tolle Mann mit den durchdringenden blauen Augen auch immer kommt. Es ist viel mehr als das. Ihre spirituelle Entwicklung wirklich anzugehen, setzt voraus, sich zuzugestehen, ganz Mensch zu sein. Es geht nicht darum, Spiritualität zu nutzen, um dem irdischen Dasein zu entfliehen oder um so schnell wie möglich »aufzusteigen«. Ihre Seele hat sich das irdische Leben nicht ausgesucht, um so schnell wie möglich nach »droben« zu gehen; als ob das irdische Dasein bloß eine mindere Zwischenstation auf dem Weg zur Erleuchtung wäre. Es geht vielmehr darum, richtig im irdischen Leben zu landen und sich vollständig mit Ihrem Menschsein zu versöhnen. Wirkliche Spiritualität wurzelt in unserer Menschlichkeit, in Fleisch und Blut, in Herz und Geist. Eine solche Spiritualität ist bleibend, der Rest ist Illusion.

Es geht darum, sich vollständig mit Ihrem Menschsein zu versöhnen.

Spiritualität bedeutet, Ihr wahres (höheres oder göttliches) Selbst kennenlernen zu wollen, die Verbindung mit jenem Teil von Ihnen herzustellen, der ewig und unveränderlich ist, und sich von ihm leiten zu lassen. Das hat mit Hingabe und mit dem Loslassen von Konzepten und Vorstellungen davon zu tun, wie das Leben zu sein hat, und zu lernen, die alltägliche Wirklichkeit zu lieben; auch die ganze Wirklichkeit von sich selbst. Und hierin liegt das wirkliche Geheimnis. Das echte Geheimnis liegt natürlich genau an jener Stelle versteckt, wo Sie nicht so bald suchen werden, nämlich auf der *Schattenseite* dessen, der Sie sind. Mit dieser Seite kommen Sie nur in Kontakt, wenn Sie keine Seite von sich selbst mehr abweisen oder unterdrücken und sich selbst zugestehen, ganz Mensch zu sein. Genau dies ist vielfach der Fallstrick bei der sogenannten Spiritualität. Zu denken, daß Sie in diesem Leben erleuchtet werden und darum die negativen, destruktiven, dunklen Seiten unterdrücken müssen, führt nicht zu Wachstum, sondern im Gegenteil zu Stillstand.

Ihr Wesen ist Schöpfungskraft!

Ihr Wesen ist alles, was Sie brauchen, um Ihr Leben zu führen und Ihre Lebensaufgabe zu vollbringen. Es ist das, was Sie wirklich sind, nicht, was andere finden, wie Sie sein sollten, oder was Sie selbst meinen, sein zu sollen. Es ist das, was Sie über sich selbst wissen wollen – und das, was Sie *nicht* über sich wissen wollen. Es ist alles, was Sie sind, mit allen Ihren positiven und negativen Aspekten. Im wesentlichen sind Sie ein Ausdruck von allem, was lebt, eine Spiegelung der Quelle, des Allbewußtseins. Tatsächlich stehen Sie in unmittelbarer Verbindung mit dem Kosmos und haben daher einen unbegrenzten Kraftquell zu Ihrer Verfügung. Wenn Sie sich vornehmen, alles, was Sie jetzt sind, ganz und gar kennenzulernen und anzunehmen, und nicht damit aufhören, das, was Sie noch nicht kennen, kennenzulernen, werden Sie mit diesem Quell immer mehr in Kontakt kommen. Wenn Sie mit Selbstmitleid und einer Opferhaltung Schluß machen, die entstehen, weil Sie unzufrieden sind mit dem Leben, wie es ist, und wenn Sie es sein lassen, der Familie, Freunden, Kollegen, dem Geliebten oder dem Leben selbst Vorwürfe zu machen, dann ist das der Beginn einer höchst magischen und sinnvollen Reise zu Ihrem tieferen Selbst. Hierfür wird Ihnen alle Hilfe des Universums zuteil, die Sie benötigen. Ihr Leben wird tiefgehender, müheloser, entspannt und fließend.

Wie entsteht Ihre Schattenseite?

Ich habe – wie auch schon in *The Deeper Secret* – in den vorangegangenen Kapiteln immer wieder davon gesprochen, den »Nein-Strom« zu erkennen. Ich kann es nicht oft und nachdrücklich genug sagen: Die einzige Art, Ihre Lebens- und Schöpfungskraft und Liebe freizusetzen, besteht darin, den »Nein-Strom« zu läutern. In Ihrem Nein-Strom liegt der Schlüssel zur Befreiung Ihrer wahren

Kraft. Dieser Strom enthält Ihre unbewußten Programmierungen, Konditionierungen und Überzeugungen. Diese werden auch »Bilder« genannt. Von Kindheit an nehmen Sie zeitlebens Eindrücke in sich auf. Durch Menschen, Einflüsse und Ereignisse werden bestimmte Bilder hervorgerufen. Aus diesen bilden sich Ihre Schlußfolgerungen. Dessen sind Sie sich, wenn Sie jung sind, natürlich nicht bewußt. Darum können Sie sie auch emotionale Reaktionsmuster oder allgemeine Lebenseinstellungen nennen. Weil Sie als Kind noch nicht wissen, ob eine bestimmte Erfahrung gut oder schlecht ist, normal oder unnormal, beziehen Sie diese auf sich selbst und versuchen, sich innerlich und äußerlich anzupassen, um dafür zu sorgen, daß Sie »in Sicherheit« sind und dabei lieb und nett gefunden werden.

Die einzige Art, Ihre Lebens- und Schöpfungskraft und Liebe freizusetzen, besteht darin, den »Nein-Strom« zu läutern.

Damit solche »Bilder« entstehen, müssen Sie nicht mißbraucht worden oder sozial oder körperlich verwahrlost gewesen zu sein. Niemand von uns ist frei von emotionalen Verletzungen. Eine solche kann nämlich auf eine ganz unschuldige Weise entstehen. Ein Beispiel: Ein sechsjähriger Junge kommt mittags aus der Schule nach Hause und will seiner Mutter unbedingt das Bild zeigen, das er gemalt hat. Seine Mutter raunzt ihn an. Sie ist müde und mit ihren Gedanken woanders, weil sie nach einem Streit mit ihrem Mann die ganze Nacht nicht geschlafen hatte. Der Junge weiß das nicht; für ihn ist das eine rohe Zurückweisung seines wahren, spontanen Selbst. Und er denkt jetzt: Das spontane Äußern meiner Gefühle ist gefährlich, denn ich kann dafür bestraft werden. Wenn ich morgen aus der Schule komme, schaue ich erst einmal, ob Mama gute Laune hat.

Jeder von uns hat eine Schattenseite,
und es ist sehr bedeutsam, sie in sich selbst zu entdecken.

Und so entwickelt das Kind Muster von Scheingewißheit und Scheinsicherheit in seinem Denken, damit es angenommen wird. Wenn Spontaneität nicht zu Akzeptanz führt, dann stellt das Kind einen Gedanken zwischen seine Spontaneität und seine Äußerung. Die Äußerung wird von da an von dem dazwischenliegenden Gedanken bestimmt. Der Gedanke ist: Ich kann mich nur gefahrlos äußern, wenn meine Mutter gute Laune hat. Sie sehen: So hat es als Kind schon mit begrenzenden Überzeugungen begonnen. Jeder Mensch ist gefühlsmäßig verletzt, jeder Mensch hat daher unbewußte Programmierungen und Überzeugungen. Das klingt ziemlich heftig, und das ist es eigentlich auch. Sie erleben als Kind etwas Unangenehmes und passen Ihr Verhalten an, um dafür zu sorgen, daß beim nächsten Mal Schmerz und Enttäuschung nicht wieder eintreten. So schleichen sich sehr früh bestimmte einschränkende Glaubenssätze ein, die Ihre wahre Natur zudecken und trüben. Ihre wahre Natur zu zeigen, schlagen Sie sich fortan aus dem Kopf. Die wird nicht wertgeschätzt und bringt Ihnen keine Akzeptanz und Liebe ein, denken Sie. Also unterdrücken Sie sie und verstecken sie fortan vor sich selbst und anderen. Sie wird Ihre »Schattenseite«. Jeder von uns hat eine Schattenseite, und es ist sehr bedeutsam, sie an sich selbst zu entdecken. Allein so können Sie sich wirklich entwickeln, allein so werden Sie begreifen, warum Ihnen in Ihrem Leben und Ihren Beziehungen immer etwas Bestimmtes fehlt. Die Leugnung dessen führt automatisch zu immer mehr Mangel; Verneinung ist nämlich der größte Handlanger Ihres Schattens, damit erhalten und stärken Sie seine Position.

Glücklich sein ist bewußt sein,
das bedeutet, sich auch seiner Schattenseite bewußt zu sein.

Das Geheimnis liegt im Schatten

Die eigentliche Botschaft von *Das tiefere Geheimnis der Liebe* ist zu lernen, den Lebensstrom und die Schöpfungskraft freizusetzen, indem Sie alle Bilder und Programme, die diese blockieren, erkennen und auflösen. Erst wenn Sie Ihre eigene Schattenseite kennen und annehmen und die Verantwortung für sie übernehmen, kommen Sie mit Ihrem Wesen in Kontakt, und der Schöpfungsprozeß nimmt eine ganz andere Wendung. Das ist ein großer Unterschied zu *The Secret. The Secret* läßt Sie an der offensichtlichsten Stelle nach dem Geheimnis suchen: im Licht. Doch wenn es da zu finden wäre, dann wäre es gar kein Geheimnis mehr. Es hat doch niemand Angst davor, etwas Schönes, Einfaches und Positives zu wissen? Wir sind doch allemal offen für etwas Besonderes, das zugleich einfach zu erlangen ist! *Das tiefere Geheimnis der Liebe* läßt Sie an der Stelle nach dem Geheimnis schauen, wo Sie nicht so schnell hingucken: in das Dunkle. Ihre Schattenseite enthält nämlich alle unbewußten, widerstrebenden Programmierungen, die dafür sorgen, daß Sie nicht bekommen, was Sie so gerne haben möchten – und wodurch Sie so oft nicht sehen, daß das, was Sie bekommen, genau das ist, was Sie sich unbewußt gewünscht haben. Alle, die von *The Secret* enttäuscht sind, werden auf ihren »Nein-Strom« aufgelaufen sein.

> Es ist unmöglich, Glück und Liebe zu erfahren oder Erfolg und Reichtum zu erlangen, indem Sie sich das nur mental vorstellen.

Wie erkennen Sie Ihre Schattenseite?

Die meisten Menschen erkennen das Vorhandensein der Schattenseite erst durch Erfahrungen, die sie nicht beabsichtigt oder gewünscht haben. Wenn Sie zur Zeit Probleme haben und glauben, daß diese Erfahrungen Ihnen zustoßen und Sie gar keine andere Wahl gehabt haben, dann ist dieses Problem aus der schöpferischen Kraft Ihres Unbewußten entstanden. Solange Sie noch nicht mit Ihrer inneren Welt verbunden sind, beziehen Sie das, was sich außerhalb von Ihnen abspielt, nicht auf sich selbst. Sie sehen nicht, wie Sie unbewußt Erfahrungen schaffen, die im Gegensatz zu dem stehen, was Sie bewußt wollen. Darum begreifen Sie nicht, was aus Ihren Wünschen entsteht, oder Sie bekommen immer wieder etwas ganz anderes als das, was Sie sich bewußt gewünscht haben. Die Ereignisse scheinen überhaupt nichts mit dem zu tun zu haben, was Sie sich wünschen. Und weil sie nicht (an)erkennen, daß es ihre eigenen Schöpfungen sind, neigen die meisten Menschen dazu, sich in Ablehnung zu versteifen, auf andere zu zeigen und so die innere Wahrheit und Wirklichkeit abzuweisen. Wenn Sie die äußeren Ereignisse nicht als eigene Schöpfungen erkennen können, dann ist es an der Zeit, die Außenwelt mit Ihrer Innenwelt in Beziehung zu setzen.

Das Geheimnis ist: mit seiner inneren Natur im reinen zu sein

Lassen Sie uns den Unterschied zwischen *The Secret* und *The Deeper Secret* noch etwas näher betrachten. *The Secret* sagt: Um mit dem Universum in Verbindung zu kommen, brauchen Sie den Preis einer unerbittlichen Selbstbegegnung nicht zu bezahlen und keine Verantwortung für Ihre Situation zu übernehmen.

Sie brauchen sich nicht zu fragen, was Ihre innere Unzufriedenheit und Ihr Gefühl des Mangels mit Ihrem Leben zu tun haben. Richten Sie einfach Ihre Aufmerksamkeit und Energie auf das, von dem Sie meinen, daß es Ihre Unzufriedenheit auflöst, und hopp, da ist es! Was der Ursprung Ihrer Gefühle und Ihres Verlangens ist, tut nichts zur Sache. Stellen Sie sich die Erfahrung von Glück, Liebe, Erfolg und Reichtum einfach mit aller Kraft vor, und Sie werden sie erfahren. Affirmieren Sie, was Sie sich wünschen, und Sie werden es vom Kosmos empfangen.

Ihr Unbewußtes mental zu übertönen,
führt höchstens zu kurzzeitigen Ergebnissen.

The Deeper Secret sagt: Wenn Sie sich wirklich auf die Suche nach Ihrem Glück machen wollen, dann werden Sie sich zuerst dazu durchringen müssen, wachsen zu wollen, und mit Ihrer inneren Natur in Übereinstimmung zu kommen. Sie werden Schutt wegräumen und sich bewußt machen müssen, was unbewußt ist, und ihm einen Platz geben. Wahre Erfüllung zu finden bedeutet, Selbsterkenntnis zu erwerben und aufzudecken, auf welche Weise Sie »nein« zu dem sagen, was Sie am liebsten wollen. Es gibt keine Wundermittel, um vom Leben zu bekommen, was Sie haben wollen. Für diesen Bewußtwerdungsprozeß Ihrer Schattenseite werden Sie bereit sein müssen, Ihre inneren Hausarbeiten zu machen. Es geht darum, zu erkennen, welches »Trauma« Ihr Leben beherrscht. Mit »Trauma« meine ich das Thema, das augenscheinlich jene Lebenserfahrungen hervorruft, bei denen Sie sich fragen: Wie kann das sein? Das stimmt überhaupt nicht mit dem überein, was ich mir wünsche.

Es geht darum, zu erkennen, welches »Trauma« Ihr Leben beherrscht.

Mit welcher Inbrunst Sie auch Glück und Liebe beim Universum bestellen, sie werden immer unerreichbar bleiben, solange Sie nicht bereit sind einzusehen, daß Sie mit Ihrem unbewußten Teil die Erfahrungen hervorrufen, die Sie nicht beabsichtigt haben. Ein Beispiel: Stellen Sie sich vor, daß Sie auf bewußter Ebene keine Schulden haben wollen, Sie aber trotzdem bis zum Hals in Schulden stecken. Dann haben Sie augenscheinlich in Momenten, die von Belang waren, für sich eine Wahl getroffen, die nicht mit Ihrem Wunsch übereinstimmte. Der Punkt ist, diesen Momenten auf die Spur zu kommen. Vielleicht hatten Sie zum x-ten Mal Zoff mit Ihrem Mann, haben die Kreditkarte genommen und sind shoppen gegangen. Das ist der Moment, an dem Ihre Schattenseite das Ruder übernimmt. Sie wollen keine Schulden, warum nehmen Sie dann die Kreditkarte und gehen shoppen, nur weil Ihr Mann unleidlich mit Ihnen war? Wie kann es sein, daß das Verhalten eines anderen auf Sie Einfluß hat und Sie Ihren Vorsatz, sich friedvoll, glücklich und entspannt zu fühlen und keine Geldsorgen zu haben, aufgeben? Bewußt würden Sie sich niemals so entscheiden, oder? Es geht darum, daß Sie in Ihrem täglichen Leben die Verantwortung für die jetzige Situation übernehmen – und für die Situation, die Sie sich wünschen.

Es geht darum aufzudecken,
auf welche Weise Sie »nein« zu dem sagen, was Sie am liebsten wollen.

Ist alles Negative eine Manifestation Ihres Schattens?

Natürlich ist nicht alles eine Manifestation Ihrer Schattenseite. Manchmal geschehen die Dinge einfach, und es gibt nichts aufzudecken und zu enthüllen. Mit elf Jahren wurde ich gelähmt, meine Mutter starb sehr jung und mein Partner verlor eine seiner Töchter, als sie sechzehn war, beim Tsunami in Thailand. Solche Ereignisse sind Übungen in Demut und nötigen uns, zu Hingabe, Annahme und Bejahung zu finden. Ganz anders ist das natürlich, wenn Sie bis zum Hals in Schulden stecken und sich fragen: Warum passiert mir das? Wenn Sie dann jeden Cent zurückverfolgen zu dem Moment, an dem diese Schulden entstanden sind, dann können Sie getrost zu dem Schluß kommen, daß Ihre Wahl in diesen Momenten jeweils von Ihrer Schattenseite getroffen wurde. Sie hatten kein Geld, um in den Urlaub zu fahren, aber Sie buchten die Tickets auf Ihre Kreditkarten und fuhren trotzdem. Wo kam der Antrieb her, Geld auszugeben, das Sie nicht hatten? Nicht aus Ihrem positiven Bewußten. In solchen Momenten können Sie sicher sein, daß Ihr Unbewußtes das Ruder führte.

Es ist unmöglich, das tiefe Erlebnis von Glück, Liebe und Einheit mit sich selbst und mit anderen zu erfahren, nur indem man es sich mental vorstellt. Damit lösen Sie nämlich die unbewußten Programmierungen (Ihren Schatten) nicht auf, und sie bleiben unter der Oberfläche, wo sie in aller Seelenruhe weiter wirken. Zwar können Sie versuchen, Ihr Unbewußtes mental zu übertönen, doch das führt allenfalls zu kurzzeitigen Ergebnissen. Es stimmt durchaus, daß die Ausrichtung Ihrer Energie auf beispielsweise Reichtum und Erfolg auch häufig zu Reichtum und Erfolg führt. Um jedoch wirkliches Glück zu finden, müssen Sie den wirklichen Quell Ihrer Ideale, Sehnsüchte und Antriebe kennenlernen. Warum wollen Sie die Dinge, die Sie sich wünschen? Und ist das, was Sie sich zu wünschen glauben, auch das, was Sie wirklich wollen?

Nehmen Sie Ihre Schattenseite an

Jeder Mensch durchläuft den Prozeß des Abbaus seines Schattens, auch jene Menschen, die schon weit auf dem inneren Weg gegangen oder große spirituelle Lehrer sind. Es gibt keinen Menschen ohne Schatten; Menschsein ist nämlich – außer Licht – nun einmal auch Schatten zu sein. Sie sind Energie, die im Stofflichen Fleisch geworden ist, und Materie wirft im Licht nun einmal immer einen Schatten. Wir sind Menschen, die ein irdisches Leben führen mit allem, was dazugehört, und so ringt jeder von uns mit seinen unbewußten Schichten. Sie dürfen Ihren Schatten nicht loswerden wollen. Nehmen Sie Ihren Schatten an. Sie brauchen ihn nicht zu eliminieren. Den Schatten abzulehnen heißt, einen Teil von sich selbst abzulehnen, und das macht Sie zu einer gespaltenen Persönlichkeit: Der eine Teil mögen Sie sein und der andere Teil nicht. Das ist ungesund und führt zu Streß und Verwirrung. Sie sind ja keine halbe, sondern eine ganze Person. Es geht darum, daß Sie alle Ihre negativen, destruktiven Eigenschaften akzeptieren. So können Sie die Folgen Ihrer verneinenden Gedankenmuster eliminieren. Erkennen, anerkennen und entwaffnen Sie Ihren Schatten. Indem Sie ihn zulassen und die Verantwortung für ihn übernehmen, können Sie sich von ihm lösen. Auf die Art stellen Sie die Einheit in sich selbst her, und so können Sie Einheit in Ihrem Leben und Ihren Beziehungen erfahren. Wenn Sie Negativität und Destruktivität in sich nicht mehr unterdrücken, leugnen oder bekämpfen, dann haben Sie die größte Macht über Ihre Schattenseite. Sobald Sie bereit sind, alles, was Sie an sich selbst verabscheuen, anzunehmen, verliert es seine Macht. Es ist wohl noch da, hat Sie aber nicht mehr im Griff. Dann können Sie sagen: »Hey, Sabotagemechanismus, heute bekommst du deinen Willen nicht.« Oder: »Den Gedanken, den du mir eingibst, kenne ich schon, und er hat mir nichts gebracht. Also, nächster Gedanke, bitte.« Sobald Sie Ihren »Schöpfungs-Störsender« identifiziert haben, nimmt Ihr Schöpfungsprozeß einen anderen Verlauf. Sie werden immer weniger das Gefühl haben, ein Opfer der Umstände zu sein und dem Leben machtlos gegenüberzustehen.

Haben oder Sein?

Jeder Mensch kämpft mit den Schichten seines persönlichen Unbewußten, und jeden Tag treffen Menschen Entscheidungen auf der Grundlage ihrer unbewußten Überzeugungen und Programmierungen. Es sind ganze Leben und Karrieren auf der unbewußten Schattenseite von Menschen gebaut. Nehmen Sie die vielen Männer, die in ihrer Jugend von ihren Vätern herabgewürdigt wurden und den Rest ihres Lebens damit verbringen zu beweisen, daß es sie gibt, und fortwährend im Wettstreit sind – auch in Zeiten, wo das überhaupt nicht nötig ist –, nur um »gewinnen« zu können und zu fühlen, daß sie da sind; oder Frauen, die vielleicht lieber bei den Kindern bleiben würden, aber trotzdem Karriere machen, um doch noch die Anerkennung ihres Vaters zu bekommen.

Die Anwendung von The Secret ohne Selbsterkenntnis führt immer nur zu Kurzzeit-Euphorie.

Weil sehr viele Menschen sich selbst nicht so annehmen können, wie sie sind, und unbewußt noch immer nach der Anerkennung ihres Vaters oder ihrer Mutter suchen, haben sie das Gefühl, ihre Daseinsberechtigung beweisen zu müssen. Wir tun das mehr oder minder alle: trachten danach, in der Außenwelt unsere innere Unruhe zu besänftigen. Wir suchen unsere magische Erlösung in Dingen außerhalb von uns und lassen unser Glück sehr stark durch »Haben« anstelle von »Sein« bestimmen; das Haben von Beziehungen oder einer flotten Laufbahn, aber auch das Haben von Erfahrungen. So gesehen, scheint *The Secret* natürlich eine tolle Hilfe zu sein. Machen Sie Ihre Bestellung beim Universum, sorgen Sie dafür, daß Sie eine positive Einstellung haben und Ihren Wunsch kräftig visualisieren, und Sie werden eilfertig bedient. Aber die Anwendung von *The Secret* ohne Selbsterkenntnis führt immer nur zu Kurzzeit-Euphorie. Das Universum wird Ihnen alles geben, was Sie aus einem Gefühl von Mangel heraus erbitten. Solange Sie glauben, inneren Unfrieden durch äußere Dinge auflösen zu können, wird das Universum Sie in diesem Wahn bestärken. Sie fokussieren, das Universum gibt. Tatsächlich bringt *The Secret* Sie jedoch weiter von Ihrer Möglichkeit auf Glück und Erfüllung weg, es entfernt die Menschen noch weiter von sich selbst.

Schmerz, Enttäuschung, Rückschläge und Desillusion,
all dies sind Erfahrungen, die Sie mit Ihrer Schattenseite erschaffen.

Ich habe einen guten Bekannten, der nicht weiß, was er mit seinem finanziellen Reichtum anfangen soll. Wonach er seine ganze berufliche Laufbahn gestrebt hat – völlige finanzielle Unabhängigkeit –, hat ihm letztlich nicht das Glück und die Ruhe gebracht, die er sich davon erwartet hatte. Das verstand er nicht. Er hatte jetzt zwar all die Millionen auf der Bank, doch die innere Unrast blieb. Also, was jetzt?! Er kaufte das schönste Haus, das er finden konnte, mit einem eigenen Wald. Das leere Gefühl blieb. Kaufte ein anderes Haus am Meer. Die Unrast war noch da. Er kaufte das teuerste Appartement in Manhattan. Er hatte noch immer das Gefühl, daß ihm etwas fehlte. Er trennte sich von seiner

Freundin, denn er wollte Freiheit. Alle seine äußeren Ziele auf dem Weg zu seinem Glück schienen ihn weiter von seinem eigentlichen Ziel abzubringen. Als ich ihn unlängst in einer E-Mail fragte, wie es ihm ging, antwortete er mit einer Liste von Reisen, die er vorhatte: von New York über Irland und Indien nach Kenia, kein Fleck auf der Erde sollte in der kommenden Zeit vor ihm sicher sein. Erst häufte er äußeren Reichtum an, weil er dachte, daraus inneren Reichtum zu gewinnen. Danach setzte er seine Freundin vor die Tür, weil er hoffte, durch diese Freiheit auch seine innere Freiheit zu finden. Nun reist er zum soundsovielten Mal um die Welt, weil er noch immer keine Ruhe gefunden hat.

Sobald Sie Ihren »Schöpfungs-Störsender« identifiziert haben, nimmt Ihr Schöpfungsprozeß einen anderen Verlauf.

Es ist gar nicht so merkwürdig, daß die wenigsten Menschen von dem äußeren Reichtum erfüllt sind, den sie erworben haben. Solange Sie Ihren Suchscheinwerfer nicht nach innen richten, werden Sie die Schattenseite nicht sehen und nicht wissen, wer in Ihrem Leben am Ruder ist. Das einzige, was Sie davon merken, sind Erfahrungen, Ergebnisse und Kreationen, die Sie nicht als Schöpfungen von sich selbst erkennen und von denen Sie denken: wie entsetzlich, warum passiert mir das? Schmerz, Enttäuschung, Rückschläge und Desillusion, all das sind Erfahrungen, die Sie mit Ihrer Schattenseite erschaffen.

Annehmen der Schattenseite versus Schönfärberei

Das Annehmen Ihrer Schattenseite ist etwas ganz anderes, als sie schönzureden. Akzeptanz bedeutet, daß Sie sie *ohne zu urteilen* sein lassen und Verantwortung für sie übernehmen.

Um der Schattenseite ihre Wirkung zu nehmen, müssen Sie bereit sein, *Ursache und Wirkung* zu analysieren. Seien Sie bereit, Ihre unerwünschten Erfahrungen im Hier und Jetzt auf eine unbewußte Entscheidung zu einem früheren Zeitpunkt zurückzuverfolgen. Was die meisten Menschen tun, ist, ihren Selbstsabotagemechanismus zu rationalisieren und auf diese Weise schönzureden.

Ein Beispiel: Ein Mann von 47 Jahren will glücklich sein in seiner Beziehung zu seiner Frau und im Familienleben mit seinem Sohn. Und doch hat er, ohne daß er seiner Frau davon erzählt, ständig außereheliche Verhältnisse. Das sorgt für Unruhe und Streß und setzt seine Ehe gehörig unter Druck. Er will also widersprüchliche Dinge: Auf bewußter Ebene will er eine ruhige Ehe, mit seinem unbewußten Willen sabotiert er seinen bewußten Wunsch. Weil er nicht erkennen will, daß sein Unglücklichsein mit seiner Schattenseite zu tun hat, rationalisiert er sein Verhalten: Er ist keineswegs süchtig nach dem Kick, den es ihm gibt, wenn er außerhalb der Ehe Bestätigung erfährt oder Sex mit anderen Frauen hat. Er glaubt einfach nicht an Monogamie, macht er sich selbst weis. Aber wenn er nicht an Monogamie glaubt, warum hat er sich dann trauen lassen und wie will er dann glücklich werden in der Ehe mit seiner Frau – was er wiederum ja auch wieder will? – So kommen Sie natürlich nicht zum Kern der Sache.

Dieser Mann will eine monogame Beziehung zu seiner Frau, aber das glückt ihm nicht. Dann wird er jedes Mal von seinem »Nein-Strom«, von seiner Schattenseite gelenkt. Und weil er seine Schattenseite nicht erkennen will, redet er sich ein, daß er an Polygamie glaubt. Damit macht er es sich unmöglich, glücklich zu werden. Denn wie glücklich wird er vom Fremdgehen? Das ist Bedürfnisbefriedigung, aber mit Glücklichsein hat das nichts zu tun. Das ist rationalisieren. Sie räsonieren so lange, bis etwas Krummes gerade ist, damit Sie der Wirklichkeit Ihrer selbst nicht ins Auge sehen müssen. Auf diese Weise muß der Mann nicht mit etwas umgehen, was er schrecklich an sich selbst findet: der Tatsache, daß er fremdgeht.

Aber von dem Augenblick an, in dem er anerkennt, daß er ein Fremdgänger ist, hat er die Wahl, ob er wirklich fremdgeht oder nicht. Denn durch das vollständige Akzeptieren und Zulassen dessen, was wahr ist, öffnet sich ein Moment der Wahl: Ich weiß und akzeptiere, was wahr ist über mich, aber ich bestimme selbst, ob ich mich hiervon leiten lasse. Indem er sich selbst weisgemacht hat, einfach nicht an Monogamie zu glauben und er daher eigentlich auch nichts daran ändern kann, daß er von seinen Trieben geleitet wird, kann er es auch nicht ändern. Genau hiermit entfernt er sich davon, Verantwortung für seine Schattenseite zu übernehmen. So kann diese nach Herzenslust weitermachen und für Schmerz, Enttäuschung und ein Mangelgefühl sorgen. Akzeptanz erfordert, Ihr Verhalten zu analysieren. Schönfärberei erfordert, Ihr Verhalten zu rationalisieren: Sie rechtfertigen Ihr destruktives Verhalten und reden sich ein, daß es nicht an Ihnen liegt. Selbstvorwürfe sind hierfür oft der Beweggrund.

Was macht die Schattenseite mit Ihren Beziehungen?

Ich mache nicht ohne Grund so viele Worte zu diesem Thema. Ihre Schattenseite ist immer da, ob Sie sich ihrer bewußt sind oder nicht, ob Sie etwas von ihr wissen wollen oder nicht. Das Unbewußte arbeitet fortwährend und erschafft ohne Unterlaß. Es hat damit Auswirkungen auf alle Ihre Lebensbereiche, natürlich auch auf Ihre Beziehungen. Wenn Sie wissen wollen, warum Sie in Ihren Beziehungen – im weitesten Sinne des Wortes – immer wieder bestimmte Menschen anziehen und mit denselben Problemen zu tun haben, dann ist es wichtig, daß Sie Ihre Schattenseite in Ihre tägliche Wirklichkeit einbeziehen. Beziehungen sind dafür das perfekte Werkzeug. Der andere spiegelt oft genau dasjenige, was Sie an sich selbst nicht sehen wollen oder unterdrücken; jede Beziehung ist deshalb das Spiegelbild der Beziehung, die Sie mit sich selbst haben. Wenn der andere Gefühle von Schuld, Ärger, Minderwertigkeit, Abhängigkeit oder Unsicherheit bei Ihnen auslöst, dann ist dies eine unmittelbare Widerspiegelung dieser Gefühle als Grundaspekte Ihrer Persönlichkeit. Wenn das Verhalten des anderen Sie frustriert oder irritiert, sagt dies nichts über das wahre Selbst dieses Menschen, sondern erzählt viel mehr über Sie und inwieweit Sie imstande sind, Ihren eigenen Schatten (und damit sich selbst als ganzer Mensch) anzunehmen.

Wenn Sie an negativen und destruktiven Seiten anderer Gefallen finden, dann können Sie sicher sein, daß dies mit Ihrer Schattenseite zu tun hat.

Da ist aber noch mehr. Ihre Entscheidungen im Hinblick auf Beziehungen werden häufig vom Unbewußten bestimmt. Sie sind für gewöhnlich regelrechte

Projektionen Ihrer Schattenseite. Das Schöne daran, mit seiner Schattenseite in Kontakt zu sein, ist, daß Sie damit eine Wahlmöglichkeit haben. Sie werden nämlich anfangen zu erkennen, warum Sie sich in Ihren Beziehungen mit anderen immer wieder vom selben Typ Persönlichkeit angezogen (oder abgestoßen) fühlen. Ein Beispiel: Es kann sein, daß Sie sich stets von »bad guys« angezogen fühlen, weil Sie die so spannend finden. Ich habe so eine Bekannte. »Ich kann anständige Männer nicht ausstehen; es müssen immer ›Randexistenzen‹ sein, sonst fesseln sie mich nicht.« Immer wieder verliebt sie sich in einen Don Juan, der neben ihr noch andere Geliebte hat, oft zu viel trinkt, immer unterwegs ist und nie ihre Gefühle berücksichtigt. Zur Zeit hat sie einen Freund, der eine andere Frau geschwängert hat, als er ohne sie auf Ibiza in Urlaub war. »Du hast jetzt also endgültig Schluß gemacht mit ihm?« fragte ich sie. Sie schwieg eine Weile, bevor sie antwortete: »Ich weiß nicht, ich sollte es wohl, aber er ist so nett!«

Wenn Sie Dinge, die nicht nett sind, nett finden und an negativen und destruktiven Seiten von anderen Gefallen finden, dann können Sie sicher sein, daß dies mit Ihrer Schattenseite und den Bildern, die in Ihrem Unbewußten liegen, zu tun hat. Dies sind Bilder, in denen programmiert ist, was für Sie gut oder was nicht normal ist. Im Fall meiner Bekannten stimmt das genau. So hatten ihr Vater und ihre Mutter eine sehr komplizierte Ehe. Ihr Vater arbeitete in der Gastronomie. Eigentlich war er nie bei seiner Frau, und Affären zu haben, war für ihn die normalste Sache der Welt. Ihre Mutter verließ ihn nicht, sondern radelte nachts mit ihren Kindern herum, um ihn zu suchen und schließlich in den Armen einer anderen wiederzufinden. Irgendwann ging er neben seiner Ehe noch eine andere feste Beziehung ein. Er verließ seine Frau nicht, sondern hatte einfach zwei feste Beziehungen. Seine Frau war nicht einverstanden damit, aber sie wies ihm auch nicht die Tür – war sie doch voll Angst, alleingelassen zu werden und für sich selbst sorgen zu müssen. So wuchs meine Bekannte mit einer

Bandbreite von Bildern auf, die sie auf ihre Beziehungen als Erwachsene projizierte. Jedes Mal, wenn ich sie damit konfrontierte, nickte sie. Sie wisse es, sagte sie, und sie sähe, wie sie Muster aus ihrer Kindheit wiederholte. Kaum eine Stunde später sah ich sie dann wieder zu ihrem Geliebten zurückkehren, um ihr Leben in genau demselben Muster weiterzuführen. Das wäre ja nicht so schlimm, wenn es das wäre, was sie wirklich wollte. Aber das war nicht der Fall. Oft, wenn ich mit ihr sprach, sagte sie: »Was meinst du? Werde ich den netten, verläßlichen Mann bald kennenlernen?« Doch solange ihr unbewußter Wille im Widerstreit ist mit ihrem bewußten Willen, ist die Aussicht darauf äußerst gering. Das Schwingungsniveau ihrer Wünsche ist noch überhaupt nicht in Übereinstimmung mit dem Schwingungsniveau ihrer unbewußten Überzeugungen.

Beziehungen sind für gewöhnlich regelrechte Projektionen Ihrer Schattenseite.

Die Aussicht auf wirkliches Glück in Beziehungen ist natürlich klein, solange Sie sich nicht selbst mit in Betracht ziehen. Sobald Sie jedoch Ihre Schattenseite in den Blick bekommen (und hierfür brauchen Sie nur auf Ihre Beziehungen mit anderen zu schauen), beginnen Sie zu begreifen, wo Ihre Vorliebe für einen bestimmten Typ Mann oder Frau herkommt. Das heißt nicht, daß Sie diese Vorliebe dann nicht mehr haben und nicht mehr auf »bad guys« hereinfallen, jedoch bedeutet es sehr wohl, daß Sie sich fortan bewußt dazu entschließen können, eine solche Beziehung nicht mehr einzugehen. Die Kenntnis Ihres Schattens vergrößert Ihre Wahlmöglichkeiten und so Ihre Chancen für wirklich erfüllende Beziehungen. Sie können dann jedes Mal bewußt wählen: Ich folge meiner Schattenseite oder eben nicht. Wenn Sie wissen, wo Ihre unbewußten Vorlieben herkommen, können Sie eine bewußtere und bessere Partnerwahl treffen.

Wer wählt in der Liebe?

Ein guter Freund von mir hat vor geraumer Zeit die bewußte Wahl getroffen, keine feste Beziehung zu haben. Er sagte mir: »Ich traue meinem Auswahlmechanismus nicht mehr, und darum will ich vorläufig keinen Partner. Bei einem möglichen Partner weiß ich einfach nicht, ob meine Schattenseite dabei eine Rolle spielt oder nicht. Zur Zeit mißtraue ich dem Ursprung meiner Gefühle.« Nach einer Reihe von enttäuschenden und schmerzvollen Beziehungen, wollte er dem ganzen zuerst auf den Grund gehen. Eines wußte er sicher: Er wollte keine Beziehung mehr eingehen, bei deren Auswahl seine Schattenseite mitgewirkt hatte. »Ich möchte es nicht erst dann merken, wenn ich in einer Beziehung mit emotionaler Abhängigkeit, Bedürftigkeit und Unsicherheit bin. Ich will nicht bedürftig sein, ich will liebhaben. Und solange ich noch nicht unterscheiden kann, ob ich nun jemanden erwähle, damit ich den Schmerz und die Muster aus meiner Kindheit wiederhole, konzentriere ich mich erst einmal darauf, meine Schattenseite unschädlich zu machen. Denn sie entscheidet sich stets für jene Partner, die ich in Wirklichkeit gar nicht will!«

Ohne das Wissen um Ihre Schattenseite sind Sie sich nicht bewußt, wozu Sie sich in der Liebe entscheiden.

Ohne das Wissen um Ihre Schattenseite, können Sie nicht wissen, wofür genau Sie sich entscheiden. Das führt dazu, daß Sie auch nicht wissen, ob Ihre Entscheidungen Ihren bewußten Bedürfnissen nach Liebe und Glück auch wirklich dienlich sind. Wer trifft die Wahl in Liebesdingen: Ist Ihr bewußter Wille am Ruder oder führt Ihr Unbewußtes Regie? Für die Antwort müssen Sie nur Ihre Beziehungen anschauen: Sind sie so, wie Sie sie sich bewußt wünschen? Wenn Sie Ihre Schattenseite noch nicht erkannt und angenommen haben, dann steuert Ihr Unbewußtes Ihre Entscheidungen auf der Beziehungsebene und dann wissen Sie gar nicht, was Sie eigentlich tun. Sie »entscheiden« sich für jemanden, aber Sie können nicht wissen, ob Sie dies tun, um Ihr Leben auf einer gleichberechtigten Ebene zu bereichern oder um einem unbewußten Bedürfnis nach Bestätigung, Akzeptanz und falscher Sicherheit zu genügen. Was Sie kennen, so schlecht es auch sein mag, gibt immer Halt und »Sicherheit«.

Im Grunde ist es natürlich gar kein Unterschied, ob Sie sich einen Partner auf der Grundlage der Befriedigung von Bedürfnismustern, die aus Ihrem Unbewußten kommen, aussuchen oder auf der Grundlage von Liebe. Wenn Sie sich Ihrer Schattenseite bewußt sind und wissen, daß Sie sich in einer Beziehung befinden, die eine Lektion für Sie beinhaltet und an diese Person gekoppelt ist, dann akzeptieren Sie das einfach. Umarmen Sie diese Beziehung, bis sie »abgearbeitet« ist, aber versuchen Sie nicht, an etwas festzuhalten, was keine Liebe ist. Es macht nichts, wenn Ihre Beziehung nicht auf Liebe beruht, aber lassen Sie sie nicht von Ihrer Schattenseite fehlleiten oder Verwirrung für Sie schaffen. Seien Sie sich gewahr, in welcher Entwicklung Sie sind und was Sie tun. Das eine ist nicht besser als das andere, aber es entsteht ein wildes Durcheinander in Ihren Beziehungen, wenn Sie diese beiden verwechseln, so wie es bei meiner Bekannten der Fall war. Da entsteht Streit und Verwirrung in ihrer Beziehung, weil sie Liebe von und mit einem Mann will, der eindeutig schlecht für sie und eine Projektion ihrer Schattenseite ist. Das ist in vielen Beziehungen der Fall. Darum beruhen die meisten Beziehungen nicht auf Liebe, sondern sie sind unsere *Lektionen* in Liebe. Je mehr Puzzleteile unseres Unbewußten wir durch unsere Beziehungen mit anderen finden, um so vollständiger werden wir. Und in dem Maße, wie wir mehr Einheit mit uns selbst erfahren, sind wir bereit für die tiefe Freude der Erfahrung von Einheit mit anderen.

Zusammenfassung

1
Es ist nicht so, daß wir Menschen sind, die »spirituell« werden müssen; wir sind spirituelle Wesen, deren Aufgabe es ist, sich kennenzulernen und genau so anzunehmen, wie sie sind – und so ein vollständiger Mensch zu werden.

2
Um mit Ihrer Schöpfungskraft in Verbindung zu kommen, gibt es keine Tricks oder bequemen Geheimnisse, sondern Sie müssen sich schon selbst als *Mensch* auf der Ebene des Seins entwickeln.

3
Das echte Geheimnis liegt natürlich genau an jener Stelle versteckt, wo wir nicht so schnell suchen, nämlich auf der *Schattenseite* dessen, der Sie sind. Mit dieser Seite kommen Sie nur in Kontakt, wenn Sie keine Seite von sich selbst mehr abweisen oder unterdrücken und es sich zugestehen, ganz Mensch zu sein.

4
Genau dies ist vielfach der Fallstrick bei der sogenannten Spiritualität. Zu denken, daß Sie in diesem Leben erleuchtet werden und darum die negativen, destruktiven, dunklen Seiten unterdrücken müssen, führt nicht zu Wachstum, sondern im Gegenteil zu Stillstand.

5
Die eigentliche Botschaft von *Das tiefere Geheimnis der Liebe* ist zu lernen, den Lebensstrom und die Schöpfungskraft freizusetzen, indem Sie alle Bilder und Programme, die diese blockieren, erkennen und auflösen. Erst wenn Sie Ihre

eigene Schattenseite kennen und annehmen und die Verantwortung für sie übernehmen, kommen Sie mit Ihrem Wesen in Verbindung, und der Schöpfungsprozeß nimmt eine ganz andere Wendung.

6

Das ist der große Unterschied zu *The Secret. The Secret* läßt Sie an der offensichtlichsten Stelle nach dem Geheimnis suchen: im Licht. Doch wenn es da zu finden wäre, dann wäre es gar kein Geheimnis. Es hat doch niemand Angst davor, etwas Schönes, Einfaches und Positives zu wissen?

7

Ihre Schattenseite enthält alle unbewußten, entgegenstrebenden Programmierungen, die dafür sorgen, daß Sie nicht bekommen, was Sie so gerne haben möchten – und wodurch Sie so oft nicht sehen, daß das, was Sie bekommen, genau das ist, was Sie sich unbewußt gewünscht haben.

8

Alle, die von *The Secret* enttäuscht sind, werden auf ihren »Nein-Strom« (ihre Schattenseite) aufgelaufen sein.

9

Wenn Sie sich wirklich auf die Suche nach Ihrem Glück machen wollen, dann werden Sie sich zuerst dafür entscheiden müssen, wachsen zu wollen, und mit Ihrer inneren Natur in Übereinstimmung zu kommen. Sie werden Schutt wegräumen und sich bewußt machen müssen, was unbewußt ist, und dem einen Platz geben. Um wahre Erfüllung zu finden, geht es darum, Selbsterkenntnis zu erwerben und aufzudecken, auf welche Weise Sie zu jenem, das Sie am liebsten wollen, nein sagen.

10
Wie stark Sie auch Glück und Liebe beim Universum bestellen, diese werden immer unerreichbar bleiben, solange Sie nicht bereit sind einzusehen, daß Sie mit Ihrem unbewußten Teil die Erfahrungen hervorrufen, die Sie nicht beabsichtigt haben.

11
Ihre Schattenseite ist immer da, ob Sie sich ihrer bewußt sind oder nicht, ob Sie etwas von ihr wissen wollen oder nicht. Das Unbewußte arbeitet fortwährend und erschafft ohne Unterlaß. Es hat damit Auswirkungen auf alle Ihre Lebensbereiche, natürlich auch auf Ihre Beziehungen.

12
Wenn Sie wissen wollen, warum Sie in Ihren Beziehungen immer wieder bestimmte Menschen anziehen und mit denselben Problemen zu tun haben, dann ist es wichtig, daß Sie Ihre Schattenseite in Ihre tägliche Wirklichkeit einbeziehen.

Gesetz 6

Bleiben Sie sich treu!

In Wahrheit leben – kann das Erfolg genannt werden?

Von den meisten wohl nicht, denn wir haben gelernt, Erfolg in Begriffen von groß angelegten Veränderungen in den Strukturen unseres Lebens zu bewerten. Vielleicht müssen wir lernen, Erfolg auf eine völlig andere Art zu sehen, nicht als Abfolge in der Zeit, sondern als Schnittfläche mit der Ewigkeit. Vielleicht bedeutet wirklicher Erfolg nicht, daß die Zeit verändert wird in ihrem Lauf, sondern daß in jedem Augenblick Menschen einen Schimmer auffangen vom Glanz des Wahren, des Guten, des Schönen, des Heiligen. Denn die Wahrheit, so kompliziert sie auch sein mag, ist gewissermaßen äußerst einfach, ebenso einfach wie glimmende Funken oder Sterne.

Dr. Erazim Kohák

Noch einmal: Nehmen Sie sich selbst an!

Wir haben im vorigen Kapitel gesehen, warum es so wichtig ist, Ihr wahres Selbst zu kennen und warum das für die Beziehung mit einem anderen eine absolute Notwendigkeit ist. Wenn es keine Wechselseitigkeit gibt zwischen »Ihnen und Ihrem Selbst« – weil Sie Ihre unbewußten negativen Seiten (Schattenseite) nicht akzeptiert haben – kann es auch keine Wechselseitigkeit zwischen Ihnen und anderen geben. Solange Sie die negativen Seiten in sich selbst zurückweisen, bleibt die innere Zerrissenheit in Ihnen bestehen. Und solange Sie innerlich zerrissen sind, werden Sie dies in Ihren Beziehungen mit anderen widergespiegelt sehen – oder im Fehlen von Beziehungen. Wenn es keine Einheit *in Ihnen* gibt, können Sie unmöglich die tiefe Freude der Einheit mit anderen erfahren.

Sie lehnen andere ab, wenn Sie sich selbst ablehnen.

In den vorangegangenen Kapiteln haben Sie sehen können, daß Sie keineswegs warten müssen, bis Sie ganz erleuchtet sind, um Beziehungen einzugehen.

Übung

Leere oder Raum

Wie gut können Sie mit sich selbst sein? Wenn Sie allein sind, wie fühlt sich das an? Erfahren Sie das Alleinsein als angenehm oder nicht? Erfahren Sie Raum oder Leere, wenn Sie allein sind? Schreiben Sie die Antwort auf und versuchen Sie, es genau zu beschreiben: Warum finden Sie es angenehm, allein zu sein, oder eben nicht? Wann finden Sie es angenehm, allein zu sein, und wann nicht?

Sie können Ihre Beziehungen einfach dazu »benutzen« zu sehen, wie es um Ihre Bereitschaft steht, sich selbst ehrlich und klar anzugucken und Ihre negativen Aspekte zu akzeptieren. Wenn es in Ihren Beziehungen nicht gut läuft, dann getrauen Sie sich, nachzusehen, und seien Sie bereit, die Probleme auf sich selbst zu beziehen – ohne sich dabei zu verurteilen oder zu beschuldigen. Inwieweit spielen Ihre unbewußten Erwartungen, Sehnsüchte und Ansprüche bei den Konflikten mit den Sie umgebenden Menschen eine Rolle? Erwartungen zu haben, ist nicht so sehr das Problem, sondern zu Wirrwarr in Ihrer Beziehung führt eher die Tatsache, daß Ihnen nicht bewußt ist, daß der andere für Sie ein bestimmtes emotionales Bedürfnis erfüllen oder »Schaden« wieder beheben soll. Solange Sie durch die Brille Ihrer eigenen emotionalen Bedürfnisse schauen, können Sie den anderen noch nicht wirklich »sehen«. Inwieweit sind Sie also wirklich offen für die Wirklichkeit des anderen? Wenn Sie ganz unvoreingenommen und tief in sich selbst hineinschauen und imstande sind zu erkennen und anzuerkennen, daß Sie nicht offen dafür sind, sondern daß Sie vieles auf den anderen projizieren, dann halten Sie den Schlüssel in den Händen, um sich selbst zu heilen.

Inwieweit sind Sie wirklich offen für die Wirklichkeit des anderen?

Dieser Einsicht können Sie natürlich auch ganz leicht aus dem Weg gehen; das tun sehr viele Menschen ihr ganzes Leben lang. Anstatt einen Blick in sich selbst zu werfen, können Sie sich auch an Rationalisierungen und Entschuldigungen oder an Selbstbeschuldigungen halten. Vor allem Letzteres dürfen Sie nicht mit Selbstannahme verwechseln. Ein Beispiel: Wenn meine Verlegerin enttäuscht ist, weil ich den Abgabetermin dieses Buches schon lange überschritten habe, während ich an diesem Kapitel schreibe, dann kann ich auf ihre erboste Mail mit Wut reagieren und denken: Was für eine törichte Frau, warum setzt sie mich so unter Druck? Ich könnte auch wütend auf mich selbst sein und denken: Siehst du, ich kann gar nichts, ich enttäusche Menschen; nun finden sie mich nicht mehr gut, nett und intelligent, und wahrscheinlich wollen sie nicht mehr mit mir zusammenarbeiten. Oder ich kann denken: Sie hat recht. Ich bin lächerlich spät dran mit der Manuskriptabgabe. Ihre erboste Reaktion ist nicht unbegründet. Sie hat allen Grund und findet es sehr schade, für mich ebenso wie für den Verlag, wenn mein Buch nicht im »Monat der Spiritualität« erscheint. Ihr Ärger ist für mich der Schlüssel zur Selbsteinsicht, daß auch ich (oder wahrscheinlich muß ich sagen: gerade ich, warum sonst schreibe ich so viel darüber) hier an meine unbewußte Schattenseite geraten bin. Ich bin keine Verliererin, ich habe bloß meine entgegenwirkenden Überzeugungen unterschätzt. Ich dachte, ich wäre sie los, doch beim Schreiben meines Buches wurde ich wieder bis an die Grenzen meines »Nein-Stromes« herausgefordert. Kurzum, die Lektion hieraus für mich ist: daß es gut wäre, wenn ich lernen würde, mich selbst und mein Werk so ernst zu nehmen, wie jene es tun, die voller Liebe und Vertrauen mit mir zusammenarbeiten; und daß ich lerne, mich daran zu freuen und ebenso dankbar zu sein, meine Bücher schreiben zu können, wie jene, für die ich sie schreibe.

In der Wahrheit zu leben, ist eine Entscheidung.

Selbstbezichtigung steht mit Verleugnung auf einer Linie. Beide Haltungen führen nicht zu Wahrheit und Konstruktivität. Nicht erkannte und nicht akzeptierte Negativität wird zu Destruktivität, denn es bedeutet, daß Sie die Augen vor der ganzen Person verschließen, die Sie im Augenblick sind. Die Akzeptanz von sich selbst als ganze Person führt hingegen zu Echtheit und einer aufbauenden Haltung. Ich akzeptiere, daß ich meinen Abgabetermin nicht eingehalten habe, aber ich mache mir keine Vorwürfe und leugne auch nicht, was wahr ist. Hierdurch gestehe ich mir zu, ganz Mensch zu sein – zu entdecken, zu lernen und zu wachsen. Sie werden selbst merken, wie schwierig es ist, andere und sich selbst wirklich zu akzeptieren. Ihre Bereitschaft dazu ist vielleicht nicht so groß, wie Sie denken. Wenn Sie Ihre Kritik, Ungeduld und Intoleranz anderen gegenüber einmal unter die Lupe nehmen, werden Sie zu Ihrem Schrecken entdecken, daß Sie genau dasselbe mit sich selbst tun!

Suchen Sie die Stille!

Alleinsein und Stille sind äußerst wichtig, um die innere Stimme hören zu können. Durch das Alleinsein können Sie fühlen, wie es wirklich um Sie steht und wie weit es mit der Bereitschaft und dem Vermögen her ist, die Wahrheit über sich selbst und über andere und das Leben in Ihr Bewußtsein zu lassen. Durch das Alleinsein stärken und nähren Sie Ihre Beziehung zu sich selbst, und das ist eine Voraussetzung für geistiges Wachstum. Sind Sie wenig allein oder können Sie schlecht allein sein, dann fangen Sie damit an, sich mit sich selbst zu »verabreden«. Wenn Sie nicht daran gewöhnt sind, allein zu sein, dann beginnen Sie mit zehn Minuten am Tag. Gönnen Sie sich die Stille, gönnen Sie sich den Kontakt mit sich selbst. Es ist nicht egoistisch, sich Zeit für sich selbst zu nehmen, und man muß auch keine Angst davor haben. Sehen Sie es als ein Geschenk, nicht nur an sich selbst, sondern auch an andere und das Leben. Je mehr Sie mit sich selbst in Verbindung sind, desto mehr haben Sie zu geben und zu teilen. Machen Sie sich klar, daß Sie, wenn Sie sich nicht wert genug sind, sich selbst Zeit und Raum zu geben, nicht erwarten können, daß ein anderer Mensch Ihre Gesellschaft gut und angenehm findet. Denn was ist dann die Grundlage Ihres Kontaktes? Woraus besteht sie?

Wenn Sie sich daran gewöhnt haben, Zeit mit sich allein zu verbringen, dann können Sie die »Treffen« mit sich selbst ausdehnen. Donnerstagnachmittag gehen Sie beispielsweise auf eine längere Wanderung durch die Heide und den Wald. Genehmigen Sie sich anschließend ein schönes Glas Wein oder ein gutes Essen. Und genießen Sie. Genießen Sie Ihre eigene Gesellschaft, den Tag, wie er ist, und das Lebens so, wie es jetzt ist. Treffen Sie jede Woche eine derartige Verabredung mit sich selbst, und lassen Sie sich auch jeden Tag, und sei es auch nur für eine Stunde, die Zeit, in aller Stille und Wahrheit mit sich selbst zusammenzusein.

Lebe in Wahrheit

Die Wahrheit über sich selbst zuzulassen, ist manchmal ein schmerzhafter Vorgang. Ich muß auch erst einmal tief Luft holen, bevor ich den aufrichtigen Ärger eines anderen mit offenem Herzen zulassen, ihn da sein lassen und ohne Ärger und Selbstverurteilung anschauen kann. Aber die Wahrheit zuzulassen, führt sogleich zu Entspannung und einem Gefühl der Befreiung. Das ist, was »Erleuchtung« (Erleichterung)* buchstäblich bedeutet: Etwas, das dunkel ist, hell machen, und etwas, das schwer ist, leicht machen, das ist Erleuchtung und Erleichterung auf allen Ebenen. Die Wahrheit über sich selbst zu leugnen oder

* Das niederländische Wort »verlichting« bedeutet, etwas licht (hell), aber auch leicht machen.

zu unterdrücken, kostet, ohne daß Sie es merken, ungeheuer viel Kraft. Die negativen Seiten von Ihnen sind auch immer ein Teil von Ihnen, und Sie können kein ganzer Mensch sein, solange Sie nicht zulassen, daß sie da sind. Damit unterdrücken Sie einen Teil Ihrer Lebensenergie.

Es ist besser, zurückgewiesen zu werden, wie Sie wirklich sind,
als angenommen zu werden, wie Sie nicht sind.

In Wahrheit zu leben ist eine Entscheidung. Sich selbst anzunehmen und Sie selbst zu sein, ist eine Entscheidung. Je mehr Sie bereit sind, sich all dessen bewußt zu werden, was Sie früher unterdrückt oder abgelehnt haben und was Sie über sich selbst nicht haben wissen wollen, desto besser und tiefgehender werden Ihre Beziehungen werden. Denn wenn Sie ohne zu urteilen und voller Liebe offen sind für die Wirklichkeit Ihrer selbst, können Sie auch offen sein für die Wirklichkeit des anderen. Andersherum gilt natürlich ebenso, daß Sie, wenn Sie daran, sich selbst zu lieben, Vorbedingungen knüpfen, und wenn Ihre unbewußte Überzeugung ist, daß Sie erst perfekt sein müssen, bevor Sie Liebe, Achtung und Zuneigung verdienen, dann werden Sie genau dieselben Vorbedingungen an die Liebe des anderen stellen. Sie weisen den anderen ebenso ab wie sich selbst. Das gefährlichste daran ist, daß Sie dies auf der Grundlage bewußter Überzeugungen tun. Das führt dazu, daß Sie stets Rationalisierungen parat haben, warum es dieser Mensch auch wieder nicht ist und warum er oder sie wirklich nicht zu Ihnen paßt. So wird Gegenseitigkeit in den Beziehungen eine unmögliche Geschichte, denn vollkommene Menschen gibt es nun einmal nicht.

Bewußt sein ist glücklich sein.

Bewußtwerdung ist also tatsächlich aller Liebe Anfang. Allein wenn Sie sich Ihrer selbst bewußt sind, können Sie Ganzheit in sich erfahren. Und nur wenn Sie selbst »ganz« sind, können Sie aus Freiheit – anstatt aus Bedürftigkeit – das Universum eines anderen betreten. »Bewußt sein ist glücklich sein«, sagt mein bester Freund und Lehrer Percy immer. Ich finde, das ist ein schöner Ausspruch. Sich Ihres ganzen Selbst bewußt zu sein und der Tatsache, daß es Ihre Bestimmung ist, ein ganzer Mensch zu sein und nicht unvollständig, und dazu gehören eben auch Ihre negativen Seiten, führt dazu, daß Sie Sie selbst sein können. Damit Sie Sie selbst sein können, ist eigentlich nur eines nötig: immer wieder ohne Widerstand die Wirklichkeit in Ihrer Welt zuzulassen, die Wirklichkeit von Ihnen selbst wie auch die der Situation und der Umstände. So wird Ihr Leben echt, so werden Sie echt und so werden Sie anderen wahrhaft begegnen und zu mehr Entspannung in Ihrem Leben kommen. Sie werden merken, daß sich, wenn Sie sich entschieden haben, Sie selbst zu sein, Ihre Schwingungsmuster verändern. Das bedeutet, daß Sie anders herüberkommen, auch wenn Sie nichts sagen oder tun. Es ist spürbar! Und in der Folge ziehen Sie andere Menschen und Situationen an, als Sie bisher gewohnt waren.

Sie selbst sein ist sexy!

So paradox es vielleicht für Sie auch klingt, wenn Sie noch jemand sind, der Teile von sich leugnet und verabscheut: Sobald Sie wirklich Sie selbst sind, kommt auch Ihre wahre Schönheit und Anziehungskraft an die Oberfläche. Schönheit ist, was mich betrifft, dasselbe wie Ursprünglichkeit. Menschen, die nicht mehr und nicht weniger sind als sie selbst, haben eine natürliche Anziehungskraft.

Geben Sie sich selbst ein Versprechen!

»Wenn ich nicht voll und ganz ich selbst sein kann, um mit einem anderen ein Ganzes zu bilden, dann ist es die Beziehung nicht wert. Ich habe das Recht und die Pflicht, völlig ich selbst zu sein, und ich mache hier keine Zugeständnisse. Wenn ich in Wahrheit bin, führt das zu immer mehr Wahrheit in meinen Beziehungen. Ich bin bereit, ich selbst zu sein, und verstecke keine Teile von mir aus Angst, abgewiesen und nicht akzeptiert zu werden. Ich vertraue darauf, daß es einen Partner für mich gibt, der mich genau so liebt, wie ich bin.«

Sie sind in Kontakt mit sich selbst und im Grunde sich selbst genug. Sie strahlen keine emotionale Bedürftigkeit aus – und genau das zieht an, was viele Menschen krampfhaft zu bekommen versuchen, indem sie *nicht* sie selbst sind! Seien Sie darum das Beste von sich selbst, leben und feiern Sie, wie Sie wirklich sind. Freuen Sie sich an Ihren guten Seiten und lernen Sie, die schlechten Seiten anzunehmen und mit ihnen zurechtzukommen, lernen Sie, sich nicht zu wichtig zu nehmen und über sich zu lachen und keine Angst vor Ihren eigenen Werken (und deren Mißlingen) zu haben. Jemand, der sichtbar sich und seine eigene Gesellschaft genießt, ohne die Bestätigung anderer nötig zu haben, sondern an anderen interessiert ist und sich ohne Schüchternheit anderen mitteilt, ist doch sehr anziehend, nicht wahr? Ein Lachen sieht immer sexy aus, doch es ist unwiderstehlich, wenn es niemand anderen nötig hat, um zu entstehen und zu bleiben. Doch Sie selbst zu sein bringt natürlich auch ein unleugbares Risiko mit sich, nämlich daß es Menschen gibt, die Sie nicht nett und interessant und vielleicht eingebildet finden. Aber ist das schlimm? Es ist doch besser, zurückgewiesen zu werden, wie Sie wirklich sind, als angenommen zu werden, wie Sie *nicht* sind.

Nicht jeder denkt so darüber. Ganz viele Menschen richten sich fortwährend nach dem Willen und den Wünschen anderer oder danach, was sie meinen, daß der andere es will oder erwartet. Das ist normalerweise keineswegs demütige Selbstaufopferung, sondern entspringt eher der Angst, verlassen und abgewiesen zu werden. Wahrheit im Leben und in der Liebe zu schaffen bedeutet, daß Sie aufhören, für den anderen zu denken. Für einen anderen zu denken, entfernt Sie von sich selbst und bremst Ihre persönliche Entwicklung. In dem Augenblick, in dem Sie in einen anderen schlüpfen, sind Sie nicht nur in einer unmöglichen Mission unterwegs (Sie können ja niemals wissen, was der andere denkt oder erwartet), sondern Sie führen überdies nicht Ihr eigenes Leben. Sehr viele Menschen haben eine Art Antenne, um wahrzunehmen, was der andere fühlt, denkt, will oder erwartet. Mein Bruder mußte kürzlich in dem Betrieb, in dem er arbeitet, Leute einstellen, und nach ein paar Tagen mit Vorstellungsgesprächen sagte er erschöpft: »Die meisten Menschen glauben, daß Sie ein gutes Vorstellungsgespräch gehabt haben, wenn sie genau das gesagt haben, was ich hören wollte!« Lernen Sie, Sie selbst zu sein, nur Echtheit bringt mehr Echtheit und Wirklichkeit hervor. Halten Sie sich in Ihrer Beziehung nicht zu sehr damit auf, was sie oder er findet, richten Sie nicht alles auf das aus, was er oder sie denkt oder was »sich gehört«. Nichts gehört sich, Sie dürfen sein, wie es Ihnen bestimmt ist. Je mehr Ihnen das glückt, desto mehr werden Sie erfahren, daß die Außenwelt Ihnen wie ein Maßanzug paßt. Das ist keine Zauberei. Es ist einfach das natürliche Gefühl bei Ihrer spirituellen Entwicklung. Wenn Sie sich innerlich entwickeln, dann entwickelt sich die Außenwelt mit. Sobald Sie auf eigenen Füßen stehen, laufen Sie immer in die richtige Richtung und werden immer genau das anziehen, was und wie es zu Ihnen gehört.

Wahrheit in der Liebe zu schaffen bedeutet,
daß Sie aufhören, für einen anderen zu denken.

Erfolgreich »daten«!

Wenn Sie ein Date mit jemandem haben, geben Sie sich nicht als Idealbild aus, sondern als Sie selbst. Gehen Sie ins Kino, auf einen Strand- oder Stadtspaziergang, gehen Sie zusammen essen oder zu einer Lesung oder ins Museum. Trinken Sie möglichst wenig Alkohol bei dem Date, damit Sie wirklich Sie selbst sind. Wenn Sie schüchtern sind, dann sagen Sie es Ihrem Date einfach. Heben Sie sich den Sex für die Zukunft auf. Sie haben noch alle Zeit der Welt. Es kann helfen, sich mittags zum Essen zu verabreden anstatt abends. Machen Sie es für Sex zur Voraussetzung, daß Sie akzeptiert werden, wer, wie und wo Sie zum jetzigen Zeitpunkt in Ihrem Leben sind. Und bauen Sie allmählich darauf auf.

Beschränken Sie sich beim ersten intimen Date aufs Küssen und Knutschen und scheuen Sie sich nicht, sich dann zu verabschieden. Wenn die fragliche Person das nicht akzeptiert, sind Sie dann sicher, daß es Mr. oder Mrs. Right ist? Sagen Sie bei allen Dates einfach immer, was Sie fühlen und denken, auch das, wovor Sie Angst haben. Und beschäftigen Sie sich nicht zu sehr damit, was der andere denkt oder davon hält – er oder sie wird es Ihnen schon selbst sagen. Richten Sie sich in dem, was Sie sagen oder tun, nicht nach dem, was Sie meinen, daß der andere es gerne sieht oder hört! Das ist eine der wichtigsten Voraussetzungen um erfolgreich zu daten, aber auch für eine solide, gesunde Grundlage einer Beziehung. Wollen Sie Wahrhaftigkeit, seien Sie wahrhaftig. Wollen Sie Offenheit, geben Sie Offenheit! Wollen Sie Verläßlichkeit, seien Sie verläßlich. Wollen Sie einen sexy Partner? Seien Sie ein sexy Partner!

Verstehen Sie, um was es hier geht? Das ist der Weg, einen Partner zu finden, der Ihren tiefsten inneren Wünschen entspricht, aber auch bleibend förderlich und anregend ist. Denn jemand, der Ihre Offenheit anziehend findet (Sie dürfen alles sagen, was Sie denken, und sein, wie Sie wirklich sind), wird selbst auch oft so sein und das bei seinem Partner anziehend oder wichtig finden. Nun denken Sie vielleicht: Aber bin ich dann nicht wieder anders und mache ich damit nicht etwas vor, um das zu bekommen, was ich haben möchte? Die gute Nachricht ist, daß das faktisch unmöglich ist, weil es hier um Ihren Herzenswunsch geht: zu sein, wie Sie wirklich sind, und akzeptiert zu werden, wie Sie wirklich sind! So haben Sie eine gute Aussicht auf den idealen Partner, der Sie stets daran erinnert, wer Sie wirklich sind; der Sie immer wieder auffordert, Ihre Schattenseite zu erkennen und unschädlich zu machen und so das Idealbild von sich loszulassen. Er oder sie erwählt Sie auf der Grundlage dessen, wer Sie wirklich sind. Umgekehrt werden Sie natürlich dasselbe tun (müssen).

Sie selbst sein ist integer sein

Integrität bedeutet wörtlich »Unbeschädigtheit«, »Ganzheit«. Sich selbst als ganze Person anzunehmen und zu sein, wie man ist, bedeutet also, daß Sie sich dafür entschieden haben, sich nicht länger selbst zu schädigen, sich selbst ganz zu lassen, und daß Sie nicht bereit sind, in Beziehungen mit anderen Entscheidungen zu treffen, die Ihre Ganzheit und Ihr Selbstwertgefühl schädigen. Jeder will Liebe. Jeder will nett und anziehend gefunden werden. Wir brauchen Akzeptanz. Wenn wir uns dieses Bedürfnis nach Akzeptanz aber nicht zuerst uns selbst erfüllen, sind wir allzuleicht geneigt, uns im Stich zu lassen und uns zu verraten. Denken Sie an die Momente zurück, als Sie Ihr wahres Selbst, Ihre wirklichen Wünsche und Ideale zur Seite geschoben haben in der Hoffnung, auf diese

Weise zu bekommen, was Sie wollten. Eine meiner Freundinnen, die sich regelmäßig im Nachtleben von Amsterdam herumtreibt und darüber Kolumnen schreibt, sagt über die Szene immer: »Die Leute haben einen festen Plan auf dem Weg zu einem möglichen Partner: das Internet, das Fitness-Studio oder halb betrunken in dem einen oder anderen Club. Die Menschen, die sich im Nachtleben tummeln, setzen sich leichthin darüber hinweg, was sie wirklich wollen, weil sie Angst haben, den anderen gleich abzustoßen. Darum gehen Sie recht locker mit Gelegenheitssex um oder haben einen One-Night-Stand, während sie eigentlich lieber eine feste Beziehung hätten. Sie hoffen, daß die fragliche Person nach dieser Nacht mehr will als Sex. Das ist die Ursache für die meisten Verwirrungen in Beziehungen. Menschen sagen das eine, aber meinen das andere. Sie zeigen nicht ihr wahres Gesicht, wollen aber im allgemeinen, daß sie jemanden treffen, der ihre wahren Wünsche erfüllt und sie liebt, wie sie sind!«

Sie selbst zu sein und sich selbst treu zu sein ist der absolute Schlüssel zum Geheimnis der wahren Liebe.

Aber Sie selbst zu sein und sich selbst treu zu sein hat Konsequenzen. Wenn Sie sich dafür entschieden haben, in Wahrheit mit sich selbst zu leben, müssen Sie bereit sein, auch die Folgen anzunehmen. Auf lange Sicht werden Sie glücklich sein mit sich und Ihrem Leben, und die Aussicht ist gut, daß Sie mit einem anderen eine spirituelle Partnerschaft haben. Erst einmal müssen Sie aber einen Schritt zurück tun. Es kann sein, daß Sie eine Periode von Alleinsein oder Einsamkeit durchmachen, daß Sie sich nicht mehr verstanden und geliebt fühlen. Das ist so, weil Sie all die Scheinakzeptanz, die Sie normalerweise hatten, nicht mehr bekommen. Das ist der Grund, warum es vielen Menschen so schwerfällt, ihrem tiefsten Wesen treu zu sein. Lieber verleugnen Sie sich, um in der Außenwelt Bestätigung zu erhalten für das, was sie nicht sind – oder vielleicht für einen kleinen Teil von sich. So sind sie ihre Angst und Unsicherheit wieder los. Aber sich selbst zu akzeptieren, Sie selbst zu sein und sich selbst treu zu sein ist der absolute Schlüssel zum Geheimnis der wahren Liebe.

Seien Sie Sie selbst!

Sie kennen wahrscheinlich die Geschichten – oder vielleicht haben Sie die selbst schon erlebt –, daß Menschen denken: Ach, laß mich bloß in Ruhe! Ich habe genug von Beziehungen. Ich bleibe jetzt für mich, und das ist gut so! – Und am nächsten Tag läuft ihnen die Liebe ihres Lebens über den Weg. Oder sie stoßen genau in dem Augenblick auf die Liebe ihres Lebens, wenn sie miserabel aussehen und es ihnen nicht mehr gelingt, das Idealbild von sich aufrechtzuerhalten. Das ist mir auch passiert. Ich hatte gerade eine Beziehung mit einem Mann hinter mir, den ich sehr liebte und er mich auch, doch irgendwie glückte es uns nicht, dieser Liebe hier im irdischen Leben Gestalt zu geben. Es dauerte eine Weile, bevor ich die Vorstellung, wie unser Leben hätte sein *können*, loslassen und der Realität Raum geben konnte: Diese Beziehung funktioniert nicht. Stück für Stück und Tag für Tag gelang es mir, meine Ideen und Vorstellungen davon, wie diese Beziehung hätte sein können oder müssen, loszulassen. Ein schmerzhafter Prozeß – und in den Augen von anderen ein viel zu langer Prozeß. Aber es war *mein* Prozeß, den ich in meinem Tempo und auf meine Art durchlebte. Bis zu dem Tag, als ich fühlte: Hey, ich habe mich gelöst, es geht mir gut mit mir, ich habe mein Leben im Griff, finde mein Leben wieder schön, finde mich richtig angenehm und eine anregende Gesellschaft – und da bin ich meinem heutigen Lebenspartner begegnet. Ich hatte an dem Tag auf einem Symposium über Ko-Kreation, das meine Verlegerin organisiert hatte, einen Vortrag über *The Deeper Secret* gehalten. Es war ein brütend heißer, langer Tag. Als ich nach Hause kam, legte ich mich im Jogginganzug mit meinem Hund auf dem Schoß auf den Balkon. Und als eine meiner Freundinnen anrief und fragte, ob ich nicht auf eine Party von Freunden mitkommen wolle, war meine Antwort: »Nein, ich glaube nicht. Ich habe einen langen Tag gehabt; ich bin müde und meine Füße sind geschwollen. Ich rufe dich um sieben Uhr an und sage dann, ob ich mitkomme oder nicht.« Um sieben Uhr dachte ich: »Ach, warum nicht. Ich geh einfach mal.« Also zog ich meine Jeans und mein weißes All Stars-T-Shirt an und ging mit. Und da stand er, und ich hatte gleich das Gefühl, ihn zu kennen. Wir hatten ein nettes Gespräch über *The Secret.* Danach redete ich noch mit anderen Leuten und ging dann recht früh nach Hause. Einen Monat später war ich gerade von meiner Kosmetikerin zurück und ging mit meinem Hund Broes auf dem Gelände hinter meinem Haus spazieren. »Was willst du«, hatte sie noch gefragt, »daß ich dir das Serum mitgebe oder es dir direkt auf das Gesicht auftrage?« Ich fragte, was der Unterschied ist. »Dein Gesicht wird rot glänzen.« »Das macht nichts,« sagte ich, »mach mir ruhig einen glühend rotes Gesicht.« Und dann, ich mit glühendem Kopf, meine fettigen Haare zu einem Zopf gebunden und natürlich wieder nicht im trendigsten Outfit, was meinen Sie, wer mir da mit seinem Hund entgegenkommt? – Und so ging das noch ein paar Mal. Das Timing des Universums war wirklich hervorragend. Bei jeder zufälligen Begegnung sah ich aus, als sei ich eben erst aus dem Bett gestiegen, und ich war oft in Gedanken oder zu müde für eine »tolle Konversation«.

Kein tolles Aussehen und kein tolles Gespräch. Nicht einmal einen Monat später wohnten wir zusammen. Ich war nicht mehr und nicht weniger als die, die ich in dem Augenblick war. Und genau das war die Zauberformel für die Begegnung mit meiner anderen Hälfte und der Beginn der entspannendsten und klarsten Beziehung, die ich je hatte.

Mr. oder Mrs. Right liebt Sie genau so, wie Sie sind, mit all Ihren schönen, positiven aber auch mit Ihren häßlichen Seiten, und er oder sie freut sich an allem gleichermaßen, denn das ist es, was Sie sind und wie er oder sie *Sie* liebt – nicht wie er will, daß Sie sind, oder wie Sie sein wollen. Umgekehrt gilt natürlich dasselbe. Wirklich sicher fühlt er sich bei Ihnen, weil er weiß, daß er so sein kann, wie er wirklich ist; und daß Sie ihn dann immer noch lieben. Erscheint Ihnen das jetzt unrealistisch und denken Sie: »Ich kenne niemanden, der so eine Beziehung hat, zumindest keine echte.« Lassen Sie mich Ihnen aus dieser Illusion heraushelfen.

Ich kenne in der Tat Beziehungen, die auf diese Art funktionieren und in denen beide Partner jahrelang richtig glücklich mit sich selbst und miteinander sind. Das bedeutet nicht, daß sie keine Probleme haben. Aber sie sind stets bereit, in ihr eigenes Herz zu schauen, wenn es Probleme gibt. Sie haben mithin Vertrauen in sich selbst *und* in ihren Partner. Denn sich zu trauen, in einer Problemsituation in Anwesenheit eben jener Person, mit der man das Problem hat, man selbst zu sein, ist nicht so einfach. Doch es ist wohl eines der Kennzeichen einer wahren spirituellen Partnerschaft. Eine solche Partnerschaft gedeiht durch Wahrheit und indem man einander den Raum gibt zu sein, wie man ist, ohne sich verstecken oder Spiele spielen zu müssen; durch den Mut, sich jedes Mal weiterzubewegen und zu wachsen; durch die Demut, nicht zu denken, daß Sie die Welt des anderen nun gut kennen; und durch die Bereitschaft, einander jeden Tag aufs neue zu »sehen« und sich aufs neue und bewußt füreinander zu entscheiden.

Fangen Sie es richtig an!

Stellen Sie sich vor, Sie begegnen jemandem, den Sie wirklich sympathisch finden und der Sie sympathisch findet. Wann ist der Moment, an dem Sie beschließen, sich so zu zeigen, wie Sie sind? Drei Tage, Wochen oder Monate später? Erst wenn Sie zusammen wohnen? Teilen Sie es sich auf, Stück für Stück? Wenn Ihr Partner dann wieder mit Ihnen bricht, nach ein paar Tagen, Wochen oder Monaten, ist das dann eigentlich wirklich so seltsam? Hätte die Enttäuschung, die folgt, nicht vermieden werden können, wenn Sie sich von Anfang an einfach so gezeigt hätten, wie Sie wirklich sind? Einmal sagte jemand zu mir: »Es steht aber in vielen Büchern, daß man sich, um anziehend und interessant zu sein, eben nicht so zeigen soll, wie man ist.« Als ich sie fragte, ob sie denn immer den Bauch einziehen will, wenn sie Sex hat, wurde ihr klar, daß sie darüber noch nicht nachgedacht hatte. Vorübergehend klappte es. Sie hatte seine Aufmerksamkeit, und er verwöhnte sie mit Abendessen und Reisen. Unglücklicherweise wußte der fragliche Herr nicht, wer sie wirklich war, und als er dahinterkam und immer seltener von sich hören ließ, fühlte sie sich arg zurückgewiesen. So bestätigte sich ihre Theorie, daß sie zurückgewiesen wird, wenn sie sie selbst ist. »Siehst du, solange ich mich verstellt habe, funktionierte die Beziehung, aber als ich beschloß, wirklich ich selbst zu sein, hat er mich sausen lassen.«

Zusammenfassung

1

In Wahrheit leben ist eine Entscheidung. Sich selbst anzunehmen und man selbst zu sein, ist eine Entscheidung.

2

Je mehr Sie bereit sind, sich all dessen bewußt zu werden, was Sie früher unterdrückt oder abgelehnt haben und was Sie über sich selbst nicht haben wissen wollen, desto besser und tiefgehender werden Ihre Beziehungen sein.

3

Menschen, die nicht mehr und nicht weniger sind als sie selbst, haben eine natürliche Anziehungskraft. Sie sind in Kontakt mit sich selbst und sind sich im Grunde selbst genug. Sie strahlen keine emotionale Bedürftigkeit aus, und genau das zieht das an, was viele Menschen krampfhaft zu bekommen versuchen, indem sie *nicht* sie selbst sind!

4

Doch Sie selbst zu sein bringt auch ein unleugbares Risiko mit sich, nämlich daß es Menschen gibt, die Sie nicht nett und interessant und vielleicht eingebildet finden. Aber ist das schlimm? Es ist doch besser, zurückgewiesen zu werden, wie Sie wirklich sind, als angenommen zu werden, wie Sie *nicht* sind, nicht wahr?

5

Wahrheit im Leben und in der Liebe zu schaffen bedeutet, daß Sie aufhören, für den anderen zu denken. Für einen anderen zu denken, entfernt Sie von sich selbst und bremst Ihre persönliche Entwicklung.

6
Integrität bedeutet wörtlich »Unbeschädigtheit«, »Ganzheit«. Sich selbst als ganze Person anzunehmen und zu sein, wie man ist, bedeutet also, daß Sie sich dafür entschieden haben, sich nicht länger selbst zu schädigen, sich selbst ganz zu lassen und daß Sie nicht bereit sind, in Beziehungen mit anderen Entscheidungen zu treffen, die Ihre Ganzheit und Ihr Selbstwertgefühl schädigen.

7
Sie selbst zu sein hat Konsequenzen. Auf lange Sicht werden Sie glücklich sein mit sich und Ihrem Leben, und die Chance ist groß, daß Sie mit einem anderen eine spirituelle Partnerschaft haben. Erst einmal müssen Sie aber einen Schritt zurück tun. Es kann sein, daß Sie eine Periode von Alleinsein oder Einsamkeit durchmachen, daß Sie sich nicht mehr verstanden und geliebt fühlen. Das ist so, weil Sie all die Scheinakzeptanz, die Sie normalerweise hatten, nicht mehr bekommen.

8
Das ist der Grund, warum es vielen Menschen so schwerfällt, ihrem tiefsten Wesen treu zu sein: Lieber verleugnen sie sich, um in der Außenwelt Bestätigung zu erhalten für das, was sie nicht sind – oder vielleicht für einen kleinen Teil von sich. So sind sie ihre Angst und Unsicherheit wieder los.

9
Aber sich selbst zu akzeptieren, Sie selbst zu sein und sich selbst treu zu sein ist der absolute Schlüssel zum Geheimnis der wahren Liebe.

10
Mr. oder Mrs. Right liebt Sie genau so, wie Sie sind, mit all Ihren schönen, positiven aber auch mit ihren häßlichen Seiten, und er oder sie freut sich an allem

gleichermaßen, denn das ist es, wie Sie sind und wie er oder sie *Sie* liebt – nicht wie er will, daß Sie sind, oder wie Sie sein wollen. Umgekehrt gilt natürlich dasselbe. Wirklich sicher fühlt er sich bei Ihnen, weil er weiß, daß er so sein kann, wie er wirklich ist. Und daß Sie ihn dann immer noch lieben.

Gesetz 7

Lassen Sie es geschehen (Liebe lässt sich nicht zwingen)

Laß kommen, was von selbst kommt,
und laß gehen, was von selbst geht.

Paramahansa Yogananda

Wie begegnen Sie der wahren Liebe?

Unlängst hörte ich eine schöne Geschichte. Sie handelte von einem Amerikaner und einer Niederländerin, die sich in ihren Zwanzigern verliebten. Sie heirateten, kauften ein romantisches Bauernhaus in Friesland und bekamen eine wundervolle Tochter. Doch ihre Beziehung erwies sich schon bald eher als Katastrophe denn als die Traum-Ehe, die sie erwartet hatten. Es war eine emotional heftige Beziehung mit beiderseitigem Unverständnis und unerfüllten Bedürfnissen und Sehnsüchten. Nach ein paar Jahren des Streits beschlossen sie, sich zu trennen. Auch die Scheidung verlief heftig. Sie versprachen sich selbst und einander, sich nie wiederzusehen. Sie fanden, ihre Liebe und ihre Ehe waren mißglückt, und sie wollten beide nicht mehr an den größten Irrtum ihres Lebens erinnert werden. Sie ließen einander völlig los, gingen beide eine neue Beziehung ein und heirateten wieder. Eines Tages begegneten sie sich ganz »zufällig«. Und, was sie niemals erwartet hätten, geschah: Sie verliebten sich wieder ineinander, ließen sich beide von Ihren Partnern scheiden und heirateten zum zweiten Mal. Doch bekamen sie erneut Probleme, und wieder gingen sie auseinander. Diesmal wußten sie sicher: Unsere Beziehung funktioniert wirklich nicht! Sie ließen einander wieder richtig los und waren von da an überzeugt, daß sie einander nie mehr als »Partner« betrachten konnten. Doch das Schicksal fügte es, daß sich ihre Wege noch einmal kreuzten, und Sie ahnen es schon: Auch diesmal konnten sie einander nicht widerstehen. Sie heirateten zum dritten Mal und sind nun seit zwanzig Jahren sehr glücklich miteinander.

Das ist so ein treffendes Beispiel dafür, wie die Liebe funktioniert. Dieses Paar begegnete sich, und beide erkannten sich gegenseitig als ihre wahren Hälften. Sie hatten offensichtlich etwas miteinander zu tun, etwas aufzulösen und abzuarbeiten. Sie waren durchaus die richtigen Partner, konnten jedoch, was sie füreinander fühlten und von dem sie tief innen wußten, daß es wahr war, zusammen noch nicht wahr machen. Es war noch kein Raum für wirkliche Liebe, weil dieser Raum eingenommen war von dem, was sie beide nötig hatten; es gab noch keinen Raum für das echte Gefühl füreinander, weil dieser von den Emotionen ihrer unbewußten Erwartungen eingenommen war, von Forderungen und Sehnsüchten. Sie mußten sich beide frei und empfänglich machen für die Liebe und benötigten noch all die Lebenserfahrung, auch mit anderen Partnern, um schlußendlich wirklich empfänglich zu werden für die Liebe zwischen ihnen. Sie ließen einander ganz los, um danach echt zueinander zu finden. Und in dem Prozeß des Einander-Loslassens gab es keinen Moment, an dem sie dachten, jemals wieder zusammenzukommen.

Oft haben wir erst eine Reihe von schwierigen und schmerzhaften Beziehungen. Sie führen uns zu innerer Selbständigkeit und bereiten uns auf die Begegnung mit unserem wahren Seelenpartner vor.

Sie haben das wahrscheinlich auch schon erlebt: Sie begegnen jemandem und haben unmittelbar ein ganz tiefes Gefühl von Erkennen. Sie denken beide: Das ist bestimmt mein Seelenpartner, denn es fühlt sich so nach »Zuhausesein« an, wir fühlen uns so eins miteinander, das muß passen! Sie werden dann oft auch gemerkt haben, daß es sich in der Praxis etwas anders entwickelt hat. Nach den ersten Wochen des sich körperlich völlig Einsfühlens erweist es sich als schwierig, vom körperlichen Einswerden zu emotionaler und spiritueller Vereinigung zu wachsen. Verwirrung allenthalben: Wie kann das sein? Es fühlte sich doch so gut an! Dies passiert durch eine Reihe von Dingen. Zuallererst muß es nicht immer so sein, daß, weil Sie jemanden »erkennen«, der auch gleich der Wahre ist. Es kann gut auch jemand sein, mit dem Sie etwas aus einem früheren Leben abzuarbeiten haben oder der in diesem Leben einfach als Spiegel dient, um – wie ich weiter vorne ausführlich beschrieben habe – die Seiten von Ihnen sichtbar zu machen, an denen gearbeitet werden muß, damit Ihre Seele gesund und frei wird.

Sind Sie bereit, sich selbst zu sehen, oder richten Sie all Ihre Aufmerksamkeit auf die Auseinandersetzung mit Ihrem Partner?

So gibt es im Leben eines jeden oft zuerst eine Reihe derartiger Beziehungen, die uns durch ihre Kompliziertheit und Schmerzhaftigkeit zu innerer Selbständigkeit führen. Diese Beziehungen nötigen Sie, Ihre einschränkenden Glaubenssätze zu sehen und die unbewußten Sehnsüchte und Erwartungen des Kindes in Ihnen sowie Ihr Bedürfnis nach Scheinakzeptanz. Die Anziehungskraft in derartigen Beziehungen kann sehr stark sein, doch das kann auch daher rühren, daß beide Energiefelder durch dieselbe Art der »Beschädigung« oder dieselbe emotionale Bedürftigkeit dasselbe Schwingungsniveau haben. Sie ziehen sich gegenseitig an, weil Sie beide im anderen auf der Suche nach Ganzheit sind, weil Sie sie noch nicht in sich selbst gefunden haben; Sie finden einander aus einem inneren Mangel, und dieser Mangel scheint durch Ihr Zusammensein zeitweise wie Schnee in der Sonne zu schmelzen. Diese Beziehungen sind selten von Dauer und in jedem Fall nicht in der Tiefe erfüllend. Aber es sind meistens doch Beziehungen, in denen Sie lernen, jene Dinge zu sehen, die Sie in sich selbst loslassen müssen.

Es ist ein Mißverständnis, daß Sie, wenn Sie dem wahren Partner begegnen, automatisch eine makellose Beziehung haben werden.

Es macht also gar nichts, daß Sie in einer emotional heftigen Beziehung sind, in der es ständig Reibereien gibt und Sie nicht zueinander finden – wenn Sie bereit sind, sich selbst anzusehen und den Mut haben, zu sehen, inwieweit Sie den anderen ständig für Ihr Glück und Ihr Wohlbefinden verantwortlich machen. Sind Sie bereit, sich selbst zu sehen und zu akzeptieren, oder richten Sie all Ihre Aufmerksamkeit auf die Auseinandersetzung mit Ihrem Partner? Mit Letzterem vertun sehr viele Menschen ihre Zeit. Lieber beschäftigen sie sich ihr ganzes Leben damit, ihren Partner (oder immer wieder einen anderen Partner) zu kritisieren und zu maßregeln, anstatt ihren Blick nach innen zu richten. Das ist ein Jammer, und es lenkt allemal von dem ab, um das es wirklich geht, und es macht den Weg zur Liebe um so länger. Alle Beziehungen auf Ihrem Weg sind als Werkzeuge gedacht, damit Sie emotional selbständig und innerlich frei werden. Sie werfen Sie auf sich selbst zurück und auf die Notwendigkeit, erst sich selbst vollständig und bedingungslos liebzuhaben. Allein auf diesem Weg können Sie das »Nötighaben« überwinden und lernen, wirklich zu lieben. Die Menschen, mit denen Sie Beziehungen haben, tun dies meist nicht bewußt (es sind natürlich häufig die Beziehungen mit Partnern, bei denen Sie das Gefühl haben, sie ließen Sie im Regen stehen), sondern sie tun es, weil sie nun einmal sind, wie sie sind.

Die wahre Liebe kann Ihr Seelenpartner sein, das bedeutet aber nicht, daß jetzt für alle Ihre Bedürfnisse gesorgt ist.

Ein Gefühl von Erkennen zu haben, bedeutet nicht unbedingt, daß er oder sie dann auch gleich die wahre andere Hälfte ist. Außerdem ist es ein Mißverständnis, daß Sie, wenn Sie dem wahren Partner begegnen, automatisch eine makellose Beziehung voll unerschöpflichen Glücks haben werden. Oft ist das Gegenteil der Fall. Gucken Sie sich das Paar an, das drei Mal geheiratet hat! Jetzt haben sie eine wunderbare Beziehung und sind superglücklich miteinander, und der Witz ist, daß sie wirklich glaubten, es würde niemals ein gutes

Ende nehmen. Sie mußten beide erst ihre innere Hausarbeit tun und das »Nötighaben« überwinden, bevor sie sich wirklich liebhaben konnten. Die wahre Liebe kann Ihr Seelenpartner sein, das bedeutet aber nicht, daß jetzt für alle Ihre (unbewußten) Bedürfnisse gesorgt ist. Ihr Seelenpartner wird verschwinden, wenn Sie ihn unbewußt für Ihr »Ganzwerden« verantwortlich machen. Er wird sehr gut die Stellen bloßlegen, die geheilt werden müssen, und wird Ihnen wie kein anderer Schmerzen bereiten, damit Sie sich selbst kennenlernen und am Ende die Liebe in sich selbst finden. Er wird Sie fühlen lassen, wo Sie noch nicht ganz und liebevoll mit Ihrem Wachstum befaßt sind; er wird Sie ermutigen, ganz zu werden, aber er kann und wird es nicht für Sie tun.

Wirkliche andere Hälften können einander durchaus weh tun.

Wirkliche andere Hälften können daher einander weh tun. Und inwieweit eine Beziehung zwischen ihnen funktioniert oder nicht, hängt ganz von dem Maß ab, in welchem die beiden – jeder für sich – im Gleichgewicht mit sich sind. Die Seele hat sich das irdische Leben nun einmal ausgesucht, um sich zu erfahren, und wählt sich ihre Beziehungen, um zu wachsen. Dieses Wachsen kann manchmal schmerzhaft und in einem späteren Stadium sehr schön, friedvoll und harmonisch sein. Für das Zusammensein mit Ihrem Seelenpartner ist darum vielleicht eine Extraportion Mut und Vertrauen nötig. Das göttliche Ziel einer echten Liebesbeziehung ist die vollständige gegenseitige Offenbarung der Seelen. Aber das ist allein nur dann möglich, wenn sich beide Seelen – jede für sich – durch ihren individuellen Weg darauf vorbereitet haben. Tatsache ist, wie Eva Pierrakos so gut gesagt hat, daß Sie nur als ein »ganzer« Mensch Glück vertragen können. »Nur wenn Sie völlig bewußt sind, können Sie ganz sein. Und nur dann können Sie die Bewegung freisetzen, die zur Ausdehnung führt, und frei sein, das Universum eines anderen Menschen zu betreten, während Sie offen für die ausströmende Energie und die Seelenbewegungen des anderen sind.« Bis Sie soweit sind, wird es Schmerz und Streit geben. Und das ist nicht schlimm, das ist nun einmal der Weg zur Liebe. Es wird Enttäuschung und Verwirrung in Ihren Beziehungen geben, bis Sie die Lektionen aus dem Schmerz gelernt haben und der Schmerz nicht mehr nötig ist. Dann sind Sie aus der Ganzheit heraus bereit, zusammen mit der Ganzheit des anderen die zwei unzerstörbaren Säulen zu bilden, die das Dach Ihrer Liebe tragen.

Gleichgesinnte, Seelenverwandte oder wahre andere Hälfte?

Im allgemeinen sind wir viel zu sehr auf Beziehungen fixiert, weil wir vor uns selbst weglaufen wollen. Wir wollen gerne alles in einem anderen sehen, wollen, daß der andere alles erfüllt und beantwortet. So wird, wenn wir nicht aufpassen, aus jeder Verliebtheit und jeder Liebe die »große Liebe« und auf jede Verliebtheit das Etikett »Seelenpartner« geklebt. Ich sprach vor einigen Jahren mit einem sehr guten Medium darüber; sie sagte dazu: »Es gibt einen großen Unterschied zwischen deinen ›Gleichgesinnten‹, deinen ›Seelenverwandten‹ und deiner ›wahren anderen Hälfte‹. Die wahre andere Hälfte ist für ewig dein Gegenstück und kann dir nicht verlorengehen – seit dem Paradies gehört ihr zusammen. Das ist dein Partner seit Anbeginn bis heute und in alle Ewigkeit.« Gefühlsmäßig verstehe ich den Unterschied recht gut. Gleichgesinnten begegnen wir regelmäßig, nicht nur in der Form von Geliebten, sondern auch als Arbeitskollegen, Freunden, Familienmitgliedern oder auch Feinden. Es ist gut möglich, daß Sie diese Person schon viele Leben lang kennen. Sie begegnen einander immer wieder in einer anderen Eigenschaft. Es kann sein, daß zwischen Ihnen und dieser Person etwas abgearbeitet werden muß; vielleicht muß etwas vergeben werden, oder Sie haben an dieser Person etwas gutzumachen.

Derartige Begegnungen sind oft sehr wichtig für Ihr persönliches Wachstum und können in Ihrem Leben viel zuwege bringen.

*Manche »Beziehungen« mit Seelenverwandten sind
für das Leben bestimmt, andere beispielsweise nur für eine
bestimmte Zeit oder einen bestimmten Zweck.*

Seelenverwandte treffen Sie seltener. Die Begegnung dieser beiden Energiefelder ist sehr stark, und es gibt ein deutliches Gefühl von Erkennen, wenn Sie sich begegnen. Die Liebe zwischen Seelenverwandten kann sehr stark sein, hat aber einen anderen »Zweck«. Die beiden sind oft einen ähnlichen Weg gegangen (vielleicht nicht buchstäblich, aber sie haben an denselben Stellen an sich gearbeitet), bevor sie sich begegneten. Deshalb verstehen sie sich gut und können sich in den anderen einfühlen. Sie fühlen sich voneinander angezogen und vom anderen »gesehen«. Oft ist die Verbindung sofort vertraut, diese Seelen fühlen sich beim anderen gleich zu Hause. Menschen, die sich auf den spirituellen Pfad begeben und sich bewußt mit dem Abarbeiten von Karma befassen, kommen mit einem Seelenverwandten in Berührung. Das geschieht, damit beide ihre Entwicklung gegenseitig verstärken und beschleunigen. Es muß aber nicht sein, daß beide in ihrer Entwicklung gleich weit sind. Es kann sein, daß der eine weiter ist als der andere und ihm auf diese Weise bei seinem oder ihrem Prozeß helfen kann. Seelenverwandte können Freunde, Verheiratete, Eltern, Kinder und Geliebte vom selben oder vom anderen Geschlecht sein. Meine besten Freunde etwa sind Seelenverwandte. Manche »Beziehungen« mit Seelenverwandten sind für das Leben bestimmt, andere wiederum für eine bestimmte Zeitspanne zu einem bestimmten Zweck, etwa um dafür zu sorgen, daß wieder eine anstehende Wandlung in Ihnen in Gang kommt. Die wahre andere Hälfte ist jemand, dem Sie zumeist auf höchst zufällige, unerwartete Weise begegnen. Es ist jemand, von dem Sie immer das Gefühl hatten, daß es ihn oder sie schon immer gab. Eine solche Begegnung scheint aus dem Nichts zu kommen, und in dem Augenblick gibt es nicht den geringsten Zweifel, bedingungslose Liebe ist einfach da, von Seele zu Seele. Allerdings hatten Sie schon eine Vorahnung, daß sich etwas Besonderes ereignen würde, daß Sie eine ganz besondere Begegnung haben würden. Wenn Sie einander begegnen, ist da unmittelbar völliges Verstehen und Vertrauen. Sie wissen beide sofort, daß Sie zusammengehören, und von dem Moment an wollen und werden Sie zusammen sein – auch wenn Sie manchmal eine ganze Menge praktischer Hindernisse überwinden müssen. Die Verbindung zwischen Ihnen ist sehr intuitiv, Sie wissen, was der andere denkt oder fühlt, und in derartigen Beziehungen sind selten Worte nötig. Sie fühlen sich auf körperlicher, gedanklicher, gefühlsmäßiger und geistiger Ebene verbunden.

Ihre wahre Liebe will Sie nicht verändern und ist rundum einverstanden mit Ihnen, wie Sie sind.

Oft sind die Begegnungen mit der wahren Liebe durch die Tatsache gekennzeichnet, daß auf dem Weg zueinander Hindernisse lagen. Oft haben Sie beide auch eine Zeit von Einsamkeit und Besinnung hinter sich. Sie haben nicht das Gefühl, daß der andere Ihren Raum einnimmt (oder buchstäblich Raum in Ihrem Haus einnimmt) oder dafür sorgt, daß Sie Ihre Individualität zurücknehmen müssen. Das Gegenteil ist bei der wahren Liebe wahr: Er oder sie stärkt Sie in dem, wie Sie eigentlich sind, und empfindet Freude, wenn Sie in Ihre Kraft finden. Sie vervollständigen einander, weil Sie zwei Gegenpole sind, aber Ihre Lebensanschauung ist dieselbe. Ihre wahre Liebe will Sie nicht verändern und ist rundum einverstanden mit Ihnen, wie Sie sind. Sie sieht Sie, wie Sie sind, sieht aber auch, wohin Sie noch wachsen, und wird Ihnen bei diesem

Wachstumsprozeß helfen. Sie helfen einander, in schnellerem Tempo zu wachsen. Sie haben sich beide auf diese Begegnung vorbereitet, indem Sie sich auf derselben Ebene empfänglich gemacht haben für die Liebe. Sie waren bereit füreinander. Das soll – noch einmal! – nicht heißen, daß es keinen Streit zwischen Ihnen geben wird. Gerade durch die Heftigkeit Ihrer Begegnung können Sie Ihre alten Schmerzen und Wunden bloßlegen. Doch dies braucht keine negativen oder destruktiven Folgen zu haben. Es kann zeitweise durchaus mühsam sein, aber die Menschen, die ich kenne, die in einer solchen Partnerschaft leben, kehren sich nicht so schnell den Rücken, sondern das Band wird so nur stärker.

Laß los!

Universum: Liebe ist loslassen.

Sie: Aber wenn ich ihn ganz loslasse, bekomme ich ihn dann nachher wieder zurück?

Universum: Nein! Loslassen ist loslassen. Wenn du mit einer Absicht losläßt, dann schaust du wieder auf ein Ergebnis. Hab lieb, ohne Absicht, ohne an einem Ergebnis zu hängen. Du hast ihn lieb, das ist das einzige, was zählt. Der Rest ist unwichtig.

Seelenbegegnungen lassen sich nicht erzwingen

»Seelenbegegnungen« erfordern keine äußere Suche; Sie können sie nicht planen oder erzwingen. Sie sind die Folge des inneren Weges, den Sie gehen: frei und unverzagt und ohne Anhaftung an ein Ergebnis. Ihre wahre Liebe kommt in dem Augenblick, wenn Sie die wahre Liebe als Absicht losgelassen, aber sich entschlossen haben, selbst das Ziel zu werden, und ein beträchtliches Maß an Ganzheit und Vollständigkeit in sich selbst gefunden haben. Solange das Finden Ihrer wahren Liebe das Ziel ist, wollen Sie eigentlich Ihre innere Arbeit nicht tun, und so verlangsamen Sie die Liebe nur, anstatt sie zu beschleunigen.

Die wahre Liebe finden Sie durch die Bereitschaft, den inneren Weg zu gehen, und erst für sich selbst die wahre Liebe zu werden. Das ist die Voraussetzung. Und es geht nicht, daß Sie die innere Arbeit mit dem Ziel tun, als »Belohnung« die wahre Liebe zu finden. Ihre innere Arbeit ist Ihr Weg und Ihr Ziel, und alles, was danach kommt, müssen Sie loslassen, das liegt nicht mehr in Ihrer Hand. Schauen Sie sich die Menschen, die ihre wahre Liebe gefunden haben, einmal genau an und lernen Sie daraus. Sie werden sehen, daß beide sich ein erfülltes Leben geschaffen haben, daß sie ihr Bedürfnis, durch einen anderen ganz zu werden, an den Nagel gehängt hatten. Ihr Leben bestand nicht (mehr) aus Warten auf den anderen, damit das Leben beginnen konnte. Sie beschlossen, ihr eigenes Leben zu leben, ihrem Herzen und ihren Leidenschaften zu folgen und ihrem Dasein Sinn in sich und aus sich selbst zu geben. Sie werden auch sehen, daß ihr Leben sich durch Vertrauen und das Vermögen, loszulassen, auszeichnet. Liebe kann nur im Loslassen bestehen, nicht im »Wollen«. Lassen Sie das Ergebnis der Liebe los. Es besteht nämlich ein großer Unterschied zwischen zielgerichtet sein oder auf ein Ergebnis aus sein. Wenn Sie imstande sind, selbst der Zweck zu sein, dann ist das Ergebnis ohne Belang. Von dem Augenblick an ist es eigentlich nicht mehr wichtig, ob der andere Mensch Sie liebt, sondern es ist für Sie viel wichtiger zu fühlen, wie sehr Sie den anderen lieben. Liebe wird das Ziel, Liebe ist nicht mehr da, um erwidert zu werden. Sie sind Liebe, so wie der Kosmos Liebe ist. Sobald Sie das wirklich begreifen, gibt es keinen Mangel mehr. Wenn Sie Liebe sind, Ihr Leben schön finden, sich selbst für eine gute und angenehme Gesellschaft halten, dann ist es nicht mehr lebenswichtig, von anderen

Liebe zu bekommen. Und wenn das nicht mehr eine Sache von Leben und Tod für Sie ist, haben Sie die günstigsten Umstände für die wunderbarste Begegnung Ihres Lebens geschaffen.

Liebe kann nur im Loslassen bestehen, nicht im »Wollen«.

Können oder dürfen Sie sich dann keine Liebe wünschen?

Doch, natürlich! Allein, es gibt einen großen Unterschied zwischen dem Wünschen aus Unzufriedenheit und dem Wünschen aus dem aufrechten inneren Drang, der wahren anderen Hälfte zu begegnen und mit ihr weiter zu wachsen. Die Liebe dürfen Sie nicht wollen, Sie können sich nur empfänglicher für sie machen. Sie können Ihre wahre andere Hälfte nicht »bekommen« oder »haben«, Sie können nur sich selbst bekommen und haben. Sie können zielbewußt aus Liebe heraus leben, aber Sie werden die wahre Liebe nicht finden, solange Sie auf Liebe als Ergebnis gerichtet sind. Wenn Sie also wünschen, tun Sie das stark und aus dem Herzen. Lassen Sie das Bild oder die Form von Liebe los, die Liebe findet ihre eigene Form. Richten Sie sich allein auf die Steigerung des tiefen Erlebens von Liebe in Ihrem Leben. Lassen Sie den Wunsch anschließend wieder vollständig los! Haften Sie nicht an dem Ergebnis Ihres Wunsches – so geben Sie dem Universum den Raum, um zu geben, und so geben Sie sich selbst die Gelegenheit, zu empfangen.

Zusammenfassung

1
Im allgemeinen sind wir viel zu sehr auf Beziehungen fixiert, weil wir vor uns selbst weglaufen wollen.

2
Wir wollen gerne alles in einem anderen sehen, wollen, daß der andere alles erfüllt und beantwortet. So wird, wenn wir nicht aufpassen, aus jeder Verliebtheit und jeder Liebe die »große Liebe« und wird auf jede Verliebtheit das Etikett »Seeelenpartner« geklebt. Aber es gibt einen großen Unterschied zwischen Ihren »Gleichgesinnten«, Ihren »Seelenverwandten« und Ihrer »wahren anderen Hälfte«. Die wahre andere Hälfte ist für ewig Ihr Gegenstück und kann Ihnen nicht verlorengehen – seit dem Paradies gehören Sie zusammen. Das ist Ihr Partner seit Anbeginn bis heute und in alle Ewigkeit.

3
Wirkliche andere Hälften können einander weh tun. Und inwieweit eine Beziehung zwischen ihnen funktioniert oder nicht, hängt ganz von dem Maß ab, in welchem die beiden – jeder für sich – im Gleichgewicht mit sich sind.

4
Seelenbegegnungen erfordern keine äußere Suche, Sie können sie nicht planen oder erzwingen. Sie sind die Folge des inneren Weges, den Sie gehen: frei und unverzagt und ohne Anhaftung an ein Ergebnis.

5
Die wahre Liebe kommt in dem Augenblick, wenn Sie die wahre Liebe als Absicht losgelassen, aber sich entschlossen haben, selbst das Ziel zu werden,

und wenn Sie ein beträchtliches Maß an Ganzheit und Vollständigkeit in sich selbst gefunden haben.

6

Schauen Sie sich die Menschen, die ihre wahre Liebe gefunden haben, einmal genau an und lernen Sie daraus. Sie werden sehen, daß beide sich ein erfülltes Leben geschaffen haben und daß sie ihr Bedürfnis, durch einen anderen ganz zu werden, an den Nagel gehängt hatten. Ihr Leben bestand nicht (mehr) aus Warten auf den anderen, damit das Leben beginnen konnte. Sie beschlossen, ihr eigenes Leben zu leben, ihrem Herzen und ihren Leidenschaften zu folgen und ihrem Dasein Sinn in sich und aus sich selbst zu geben. Sie werden auch sehen, daß ihr Leben sich durch Vertrauen und das Vermögen, loszulassen, auszeichnet.

7

Solange das Finden Ihrer wahren Liebe das Ziel ist, wollen Sie eigentlich Ihre innere Arbeit nicht tun, und so verlangsamen Sie die Liebe nur, anstatt sie zu beschleunigen.

8

Die wahre Liebe finden Sie durch die Bereitschaft, den inneren Weg zu gehen und erst für sich selbst die wahre Liebe zu werden. Das ist die Voraussetzung. Und es geht nicht, daß Sie die innere Arbeit mit dem Ziel tun, als »Belohnung« die wahre Liebe zu finden.

Nachwort

An Liebe glauben heißt, an den Strom des Lebens glauben. Das Vertrauen zu haben, daß jemand für Sie da ist, heißt, in die Logik der kosmischen Gesetze zu vertrauen. Das Leben ist der Spiegel, in dem Sie sich sehen können; Ihre Beziehungen mit anderen sind die Spiegel, in denen Sie sehen können, inwieweit Sie gelernt haben, Ihr Herz wirklich zu öffnen. Haben die Ereignisse Ihres Lebens Sie schon gelehrt, sich für sich selbst zu öffnen, so, wie Sie sind, für den anderen so, wie er ist, für das Leben so, wie es ist? Das sind die Fragen, die die Liebe stellt, damit Sie lernen, anstelle von Illusionen und Märchen wirkliche Dinge liebzuhaben. Anstatt Optionen auf die Liebe zu nehmen, leben Sie die Liebe im Hier und Jetzt. Sie werden nicht vollkommen werden, andere werden nicht vollkommen werden und das Leben wird nicht vollkommen werden. Nichts braucht etwas zu werden. Alles ist schon da, bereit, von Ihnen gesehen, angenommen und geliebt zu werden in seiner vollkommenen Unvollkommenheit. Liebe ist darum viel mehr als Gefühle von Liebe allein. Liebe ist das, wer und was Sie in Ihrem Wesen sind, Liebe ist Wahrheit, Liebe ist Bewußtsein.

Ist Liebe einfach? Die Antwort ist: Nein, die Liebe führt Sie zu den dunklen Seiten von sich selbst; sie fordert Sie auf, den Sprung in die Tiefe ohne Fallschirm zu wagen, Abzweigungen ohne »Navi« zu nehmen, Ihr Herz ohne Garantien oder Sicherheiten zu öffnen. Auf dem Weg zur Liebe werden Sie Verzweiflung erfahren und enttäuscht und desillusioniert werden, sich selbst verlieren, Fehler machen und scheitern. Das alles tut die Liebe, damit die Seele gesund und frei werden und die Einheit in sich finden kann. Dies ist kein Buch über magische Erlösung oder Wunder. Dies ist sehr wohl ein Buch über die magischen Folgen wirklicher Veränderungen von innen heraus. Im tiefsten Wesen liegt das Geheimnis, und der Schlüssel, es zu finden, liegt in der Bereitschaft, den Suchscheinwerfer nach innen zu richten. Das Leben ist ein für allemal Liebe, und die Liebe des Universums durchdringt alles, was ist. Sie ist immer und überall, doch oft verstehen Sie das nicht, weil Sie sich noch nicht für die Liebe empfänglich gemacht haben. Wollen Sie Liebe von anderen erfahren, dann werden Sie erst lernen müssen, sich selbst liebzuhaben. Wollen Sie geliebt werden, dann müssen Sie erst die Entscheidung treffen, selbst liebevoll zu werden. Liebe ist darum ganz bestimmt auch freier Wille; der freie Wille, das innere Abenteuer zu bestehen. Solange Sie in der Liebe noch Mangel erfahren, liegt das nicht daran, daß nicht genug Liebe da ist, sondern daran, daß Sie immer noch außerhalb von sich nach etwas suchen, was in Ihnen unzureichend ist. Das Universum ist barmherzig und gerecht. Es gibt keinen Mangel an Liebe, allein einen Mangel an Einsicht. Dieses Buch ist eine Ode an die Liebe, die Sie sind.

Über die Autorin

Die Schriftstellerin Annemarie Postma, geboren 1969, studierte Jura und wurde das erste professionelle Fotomodell mit einer Behinderung in Europa. 1995 kam sie in den Playboy, worauf sie in in- und ausländischen Talkshows ein vielgesehener Gast war. Inzwischen hat sie sich zu einer erfolgreichen Publizistin und Schriftstellerin entwickelt, und sie widmet sich vor allem den Themen Selbstwert und Selbstachtung. Das ist ihrer Meinung nach für die heutigen Menschen und ihre Entwicklung der Dreh- und Angelpunkt.

2011 erschien das Vorgänger-Buch *The Deeper Secret*, in dem sie klar aufzeigt, daß, auch wenn wir mit der Kraft unserer Absichten und Gedanken unsere Welt und unser Leben beeinflussen, die Vorstellung, daß wir dem Universum unseren Willen aufdrängen können, wie *The Secret* unterstellt, unvollständig und irreführend ist. Das Universum ist kein Teleshopping für Glück, inneren Frieden und Erfolg. *Das tiefere Geheimnis* lehrt Sie, mit dem Universum zusammenzuarbeiten; nicht nur, indem Sie Ihren Willen, Wunschdenken oder magische Fantasien einsetzen, sondern durch starke Imaginationskraft, die auf der tatsächlichen Kenntnis der universellen Schöpfungsgesetze beruht. Die Perle des Glücks finden Sie im Kern dessen, der Sie sind. Das gilt auch für die Perle des Liebesglücks in *Das tiefere Geheimnis der Liebe*, denn das Wunder der Liebe müssen Sie selbst zum Leben erwecken.

Mit ihren Büchern *Ik hou van mij* (Ich liebe mich) und *Liefde maken* (Liebe machen) erreichte sie inzwischen Hunderttausende von Lesern. Anfang 2007 erschien *Het lichaam is perpect* (Der Körper ist vollkommen), 2008 erschien *Het leven is perfect* (Das Leben ist vollkommen). Mit diesen Büchern gibt Annemarie Postma Ihnen Werkzeuge an die Hand, mit denen Sie sich auf einer tieferen Ebene begegnen können, indem Sie Ihre Überzeugungen und Gedanken beobachten und indem Sie über Ihre Beziehung zu Ihrem Körper und Ihre Nahrung nachdenken. Dies tut sie auf eine höchst praktische Weise, indem sie berichtet, welche Essensgewohnheiten ihr geholfen haben, die letzten zwanzig Jahre – trotz ihrer sitzenden Lebensweise im Rollstuhl – kräftig, strahlend und gesund zu bleiben.

Ihre Bücher, Kolumnen und Lesungen sind sowohl philosophisch als auch kritisch. Ihre leidenschaftliche, ganzheitliche Vision durchzieht ihr ganzes Werk, das sich um die Fragen dreht: »Wie kann ich lernen zu leben? Wie erschaffe ich mir das Dasein, das am besten zu mir paßt?« Für Annemarie Postma sind mentale, körperliche, emotionale und geistige Gesundheit unauflöslich miteinander verbunden.

Seit 2005 ist sie Botschafterin der *Nederlands Stichting voor het Gehandicapte Kind (NDGK)*, der »Niederländischen Stiftung für das Behinderte Kind«. Annemarie Postma war elf Jahre alt, als eine Querschnittlähmung, verursacht durch einen nicht rechtzeitig behandelten Zeckenbiß, ihr Leben veränderte. Ihre Erfahrungen und erworbenen Einsichten gibt sie in Büchern, auf Workshops und bei Lesungen weiter. Ihre Leidenschaft für das Leben, ihre Liebe zur Wirklichkeit und ihre gesellschaftliche Anteilnahme machen sie für viele zu einem Quell der Inspiration.

www.annemariepostma.nl

Danksagung an

alle Begegnungen, Ereignisse und Menschen, die mir durch ihr Dasein meine Verbundenheit mit allem und jedem und damit das Wirken der universellen Gesetze bewußt gemacht haben.

Robin, Percy Joris, Diederijk, Broes en Do'tje. Ich habe euch unglaublich lieb.

Emy ten Seldam, meiner Verlegerin. Vielen Dank für deine Geduld und deine Urmutterschaft.

Literatur

Joudry, Patricia mit Pressman, Maurie, *Twin Souls,* 1995

Katie, Byron, *Über Liebe, Sex und Beziehungen,* Goldmann, München 2006

Peck, Scott, *Der wunderbare Weg,* Goldmann, München 1989

Pierrakos, Eva, *Werken aan jezelf of juist niet?,* (An sich arbeiten oder gerade nicht?), Ankh-Hermes, Deventer 1990

Pierrakos, Eva, *Liefde nader bekeken, (Liebe näher betrachten),* Ankh-Hermes, Deventer 1993

Postma, Annemarie, *Ik hou van mij,* (Ich liebe mich), Forum, Amsterdam 2007

Postma, Annemarie, *The Deeper Secret,* Neue Erde, Saarbrücken, 2011

Vries, Marja de, *De hele olifant in beeld,* (Der ganze Elefant im Bild), Ankh-Hermes, Deventer 2007

Ausserdem bei Neue Erde:

Unzählige Menschen haben das Buch *The Secret* gelesen. Und was hat es bewirkt? Wunder gewiß nicht. – Und das ist auch kein Wunder, denn das »Gesetz der Anziehung« ist nur eines von zwölf universellen Gesetzen. Diese zwölf Gesetze hat die in den Niederlanden sehr erfolgreiche Autorin in diesem Buch lebens- und praxisnah beschrieben. Und sie stellt klar: Diese Gesetze zu kennen und im eigenen Leben anzuwenden ist kein Fingerschnippen, sondern ein Prozeß lebenslangen Lernens und Übens. Und dazu ist ihr Buch ein Wegbegleiter, den man immer wieder zur Hand nehmen sollte.

Annemarie Postma
The Deeper Secret
Das Tiefere Geheimnis
Pappband mit Lesebändchen, 160 Seiten
ISBN 978-3-89060-581-4

Bücher von NEUE ERDE im Buchhandel

Im deutschen Buchhandel gibt es mancherorts Lieferschwierigkeiten bei den Büchern von NEUE ERDE. Dann wird Ihnen gesagt, dieses oder jenes Buch sei vergriffen. Oft ist das gar nicht der Fall, sondern in der Buchhandlung wird nur im Katalog des Großhändlers nachgeschaut. Der führt aber allenfalls 50% aller lieferbaren Bücher. Deshalb: Lassen Sie immer im VLB (Verzeichnis lieferbarer Bücher) nachsehen, im Internet unter **www.buchhandel.de**

Alle lieferbaren Titel des Verlags sind für den Buchhandel verfügbar.

Sie finden unsere Bücher in Ihrer Buchhandlung oder im Internet unter **www.neue-erde.de**

Bücher suchen unter: **www.buchhandel.de**. (Hier finden Sie alle lieferbaren Bücher und eine Bestellmöglichkeit über eine Buchhandlung Ihrer Wahl.)

Bitte fordern Sie unser Gesamtverzeichnis an unter

NEUE ERDE GmbH
Cecilienstr. 29 · 66111 Saarbrücken
Fax: 0681 390 41 02 · info@neue-erde.de

NEUE ERDE